引领变革
休闲、旅游与体育的未来

[美] 杰弗瑞·戈德比（Geoffrey Godbey） 著
[美] 盖伦·戈德比（Galen Godbey）

罗靖 译

广东旅游出版社
GUANGDONG TRAVEL & TOURISM PRESS
悦读书·悦旅行·悦享人生

中国·广州

图书在版编目（CIP）数据

引领变革：休闲、旅游与体育的未来 /（美）杰弗瑞·戈德比，（美）盖伦·戈德比著；罗靖译. — 广州：广东旅游出版社，2023.9

ISBN 978-7-5570-2935-7

Ⅰ. ①引… Ⅱ. ①杰… ②盖… ③罗… Ⅲ. ①体育—旅游业发展—研究 Ⅳ. ①F590.75

中国国家版本馆 CIP 数据核字（2023）第 042176 号

出 版 人：刘志松
策划编辑：官　顺
责任编辑：林保翠　黎梦圆
封面设计：叶倩茹
责任技编：冼志良
责任校对：李瑞苑

引领变革：休闲、旅游与体育的未来
YINLING BIANGE：XIUXIAN、LÜ YOU YU TIYU DE WEILAI

广东旅游出版社出版发行
（广东省广州市荔湾区沙面北街71号首、二层　邮编：510130）
电话：020-87347732（总编室）　020-87348887（销售热线）
投稿邮箱：2026542779@qq.com
印刷：深圳市希望印务有限公司
　　　（地址：深圳市龙岗区平地街道六联社区鹤鸣东路88号101　邮编：518117）
开本：787毫米×1092毫米　16开
字数：190千字
印张：10
版次：2023年9月第1版
印次：2023年9月第1次印刷
定价：48.00元

[版权所有　侵权必究]

本书如有错页倒装等质量问题，请直接与印刷厂联系换书。

序

"我们不需要预测未来,但是必须时刻准备着面对未来。"
——伯里克利(公元前5世纪)

　　人们对未来一直保持高度的关注和深度的思考。它的内涵是如此广博和深刻,既让一些人望而却步,也使另一些人无功而返。随着科技、商业和文化的变革与发展,预测也变得充满挑战。因此深度讨论未来十年全球休闲、旅游和体育无疑是一件很有趣的事。我之前与杰弗瑞·戈德比教授合作过,我深深地感叹于他对未来及其发展的深刻理解。而盖伦·戈德比先生在全球化、劳动力市场、政治及政策等方面的研究有着丰富经验,因此,他们的通力合作使这本关于休闲服务的著作极具前瞻性、广度和深度。

　　进步的观点正在被重新定义,其中包括物质的增加是否代表着幸福和成功,人们开始懂得控制环境、政治和文化产生的副作用,并且也开始了解日益增加的流动性和能量消耗产生的影响。人们也在探讨在新世纪如何获取清洁方便的水源、价格合理的食物以及多种多样的能源。技术发展是令人激动的,但是我们应该清楚地认识到这些改变经常带来意料之外的效果,所以未来的发展并不总是尽如人意。

　　如今人们对各种事件都能掌握海量信息,但是数据管理变得越来越有挑战性。长期以来,人们都在致力于追求可能的、合理的、美好的未来。但是第三个标准似乎是不确定的。问题来自分析家们对"美好"一词的解读,它对人们究竟意味着什么?因此面对这个瞬息万变的世界,人们如何客观并准确地预测未来,才是问题的核心。

　　我们看到政治动荡、灾害性气候和医疗事故有增无减。未来无疑是错综复杂的,最"幸福"的国家也许不是最繁荣或科技最发达的地区。毫无疑问的是,这种变化将挑战我们每一个人,像本书这样深刻的专著将拉大那些拥抱变革和害怕变革的人之间的差距。

　　随着虚拟和真实的现实不断改变休闲和旅行方式,机器学习和人类与人工智能的交互迅速发展,人工智能正改变着未来预测的方向。但是我似乎在这团迷雾中发现了一线希望,因为专家们在很多领域有了突破,例如计算机已经可以解码那些在过去一二十年里让财经市场和经济模式陷入混乱的神秘的墨盒算法。尽管下一代的"神奇"计算机算法已经上线，但我们更应该记住哲学家乔治·桑塔耶拿的一句名言："那些遗忘历史的人将因重蹈覆辙而受到谴责。"

我们坚信人工智能主导的大数据将极大地推动预测技术。它虽然不能精准预测未来，但是能对未来可能产生的问题或机会提前预警，而这取决于其灵活性、适应性、快速反应时间和应付特殊情况的能力。尽管新技术具有变革能力，但文化和心理学的发展仍然值得我们重视。变革具有两面性，因此，每一个新观点都极具挑战。在未来的十年，全球化的挑战及其影响将不断深化。这必定是一个精彩的时代，而对休闲、旅游和体育未来的研究，将生动地展现其对人类未来的影响。

蒂莫西·C.麦克
（世界未来协会前主席、"AAI 远见"管理合伙人）

引　言

　　我们的余生将在未来，因此我们必须了解未来。在本书中，我们将探讨在不远的将来的休闲方式，尤其是运动和旅游的形式将如何被日益深化的变革所影响。这看上去也许不太明智，但忽视未来的各种可能性将更加愚蠢。休闲在未来变得非常重要——当人们有闲暇时间后会做什么？做什么事情才会感到自由自在？两种休闲形式将会被人们重视，一是旅游，它是探索世界的有效手段，二是运动，它是用游戏的方式进行探索。这两种形式已经成为理想生活的一部分，也成了工作之余的必需和经济发展的重要因素。我们希望这本书将对那些在休闲、旅游或运动等职业规划方面有需求的读者提供借鉴。

　　我们将讨论很多领域的未来发展趋势，如人口增长、移民状况、拥挤现象、气候变化和科技发展等。每一个因素都非常重要。但是它们如何互相影响却很难预测。因此从事休闲、公园管理、旅游及体育等相关工作的人们应该密切关注它们的发展及其相互的影响，同时根据掌握的信息针对具体情况灵活地制定相应的策略。

　　我们必须现在或者尽快做出决断，因为这很重要。如果你在芝加哥工作，你读到一篇可信的学术论文，发现芝加哥的天气在30～40年之后将会与新奥尔良现在的天气相同，那么明年你将选择哪种树苗种在你家后院呢？是那些适应干燥环境、满目可见的路边红枫，还是适合生长在潮湿环境下的植物呢？当然目前我们仍旧会选择枫树，但是当气候真正变化时，谁将为砍倒枫树而负责呢？

　　同样，各国政府应该针对一些主要问题做出政策的重大调整，如中国人口增长缓慢、老龄化加速现象，美国各地日益严峻的气候变暖问题，以及机械化生产导致农业人口减少以致更多的墨西哥人迁移到美国的问题等。为力争解决这些问题，各国政府对此都出台了相关政策。

　　同时，本书的讨论并未关注个人的力量在历史进程中的作用（比如美国前总统富兰克林·罗斯福在大萧条和二战时期对国家甚至世界所起的作用）。在本书中，我们虽然不会像气象学家一样事无巨细地研究每一天的问题，但我们会帮助你了解在休闲、旅游和体育领域里有可能影响你生活和工作的因素，引起你对它们的重视，帮助你更从容地面对未来。

　　我们以满腔热忱写下这本书。盖伦曾经是一名专业运动员，在宾夕法尼亚州立大学里参加篮球和长曲棍球比赛，与很多顶级 NBA 球员交过锋。他曾经也是一名导游，也担任过德萨尔斯大学副校长并负责国际交流事务，还掌管过一个私立大学联盟的事务。他游历广泛，尤其对印度非常了解。杰弗瑞也经历丰富，曾经担任宾夕法尼亚州立大学阿宾顿校区网球队教练，曾到过 27 个国家，尤其对中国怀有极大的热情和兴趣，多次造访，并与中国学者深度合作，在休闲领域做出了很多令人瞩目的成就。

在本书中，我们满怀激情向你描述未来，它是属于我们每一个人的。当然这只是我们的思考，希望能对你有所启发，祝福你有一个美好的未来。

目　　录

序 ·· I
引言 ·· III
第1章　休闲、旅游与体育的未来 ································· 1
    1.1　休闲、旅游与体育会西方化吗 ··························· 5
    1.2　休闲的变化趋势预测 ··· 6
    1.3　休闲概念的变化 ··· 21
    1.4　对未来的多重思考 ··· 23
第2章　人口学问题 ·· 28
    2.1　快速增长的消费人群 ··· 28
    2.2　承载力及人群拥挤管理 ···································· 30
    2.3　贫困国家人口增长迅速 ···································· 37
    2.4　全球老龄化 ·· 38
    2.5　全球城市化：人口密度渐增 ······························ 44
    2.6　40%的人口或将来自中国或印度 ······················· 47
    2.7　欧洲人口重组 ·· 48
    2.8　全球白种人数量下滑 ··· 49
    2.9　亚洲和墨西哥移民将重新定义北美 ··················· 51
    2.10　人口因素对休闲活动的重塑 ··························· 55
第3章　环境问题 ·· 57
    3.1　人为造成的气候变化 ··· 58
    3.2　水资源危机 ·· 62
    3.3　与动物的关系发生改变 ···································· 65
    3.4　超负荷的世界承载力 ··· 72
    3.5　大量新污染源的出现 ··· 72
    3.6　未知的承载力上限 ··· 74
    3.7　过时的汽车和飞机 ··· 75
    3.8　澳大利亚：一个身处气候变化中心的国家 ········ 78
    3.9　食品革命：工厂化养殖的衰败 ·························· 79

第 4 章　社会问题 …… 83
 4.1　女性地位的提高 …… 83
 4.2　后成长时代的开始 …… 93
 4.3　日益激烈的教育竞赛 …… 96
 4.4　恐怖主义 …… 100
 4.5　全球难民数量增加 …… 101
 4.6　肥胖症 …… 102
 4.7　动物权利运动方兴未艾 …… 106
 4.8　全球成瘾现象 …… 108
 4.9　高情商的必要性 …… 110
 4.10　专注力时间缩短 …… 111
 4.11　权力的终结 …… 114
 4.12　政府政策与休闲活动 …… 116

第 5 章　科技与组织生活、工作和休闲的转变 …… 121
 5.1　工作的变化 …… 122
 5.2　设计人类 …… 137
 5.3　无限能源 …… 140
 5.4　基础设施的终结 …… 142
 5.5　计算机接管人类生活 …… 144
 5.6　当计算机消失时 …… 146
 5.7　集中式基础设施的衰败 …… 147
 5.8　以休闲活动为中心的新世界 …… 149

译者注 …… 151

第1章　休闲、旅游与体育的未来

"我将回到我从未去过的地方。"

——W. S.默温

我和一位中国朋友坐车去参观他的家乡。这位朋友一路向我描述记忆中那片养育他的土地——一个悠闲的小镇，集市上有人叫卖着蔬菜和海鲜，镇上还有庙宇、小店和茶铺，人们过着淳朴而恬静的生活。但当我们到达时，我的朋友非常吃惊，因为他所描述的家乡已不见踪影，我们看到的是50多幢高耸的现代化住宅楼和一条宽阔平坦的六车道公路，一派车水马龙的景象。人们住进了公寓大楼里，很多人开车上下班，生活越来越方便，人也越来越多，但是他记忆中温暖而亲切的家乡却不见了。

——杰弗瑞[1]

一切都在变化。而且，变化越来越快，历史进程正在加速。历史上没有哪个时期能像今天这样，变化如此深远地影响我们的生活和未来。不可否认，过去发生的巨变也改变了我们生活的很多方面，比如车轮的发明、鼠疫、饥饿、洪水、无谓的战争等。但是如今的变革关乎人类的生存、人性的演变、其他动物的生死、人工智能的兴起、东方的崛起、宗教的衰落、对女性角色的重新定义及其地位的上升等。当这些变化发生时，我们要重新了解它们与环境或其他生物的关系，重新考量什么是"新"和"旧"，重新认识性别的内涵，重新思考养育孩子等问题，因为变化带来了不确定性。

世界是什么状态？它的未来如何？它是如何发生的？这些变化将如何改变我们的生活和休闲方式？有人说未来是无法预测的，但是无视未来却同样会带来灾难。因此很多关于未来的预测——如太阳能的发展、人口的急剧增长、沟通方式的改变、基因的构成、能源的巨变等——都被证明是正确的。2003年未来学家雷·库兹韦尔对此有如下论述：

进化是间接发生的。人们创造了某种东西，然后通过它再创造更高阶层的物质。而更高阶层的物质是更强大的，也发展得更快。这样的过程周而复始，进化也因此形成。

　　进化的第一阶段是很漫长的，可能要花费数十亿年。随后 DNA 出现了，这是至关重要的，因为它像一台小电脑，用一个信息处理方法把实验结果存储下来，然后建立起一个知识库以保存数据并对结果进行解码。

　　接下来的进化过程就变快了，寒武纪生命大爆发只用了数千万年就建立了生命体并进化成动物。进化犹如一种技术，变得成熟，并沿着既定轨道开始发展。进化同时开始关注生命的其他方面，如更高级大脑皮层的功能，而这个过程的发生要比寒武纪大爆发迅速很多。类人猿进化了几百万年，而演变成现代人类只花了数万年。进化利用它在演变进程中的成果来开创下一个阶段。这一阶段产生了生命进化的最前沿技术，生命由此进入了更智慧的阶段。

　　人类演进技术的第一个阶段历时数万年，而在下一阶段，人们开始使用轮子或石器。因此一千年前的一场质变只花了数百年就完成了。而如今，又一场巨变，如互联网的出现，也只花了几年时间。第一台电脑是用纸笔设计，螺丝刀安装的，而今天我们用电脑创造电脑。计算机辅助设计工程师指定一些高阶参数，然后 12 层自动化设计被自行完成。最重要的加速反映在质变速度上，也就是技术进步的速度。所有这些过程都不是以指数速度在发展，而是以双倍指数速度递增，因为进化本身会利用每一个阶段来发展下一个阶段，而且最新阶段的进化可以利用更多的资源，产生更好的效果。

　　历史进程的加速程度是史无前例的。每一个国家、每一种文化、每一类文明就像一座座被巨大靴子踩踏的蚁穴。这只靴子就是生活方方面面的巨变，它涉及人口增长、移民、技术、经济基础、工作模式、性别角色、环境、战争方式、文化素养的定义、时间管理等方面，这些变化深刻而持续地影响着我们的生活。

　　在如此复杂的社会中，有很多休闲、旅游和体育的影响因素在飞速发展着。我们所说的"进步"就是一种进化。进步从传统意义上来说指物质的富足，但是物质富足的快速发展时代已经结束。进步意味着生活质量和内涵的丰富，我们应该拥有更健康的生活方式。人类花费数百年致力于改变世界，但是在接下来的一百年应该努力改变自己。只有自身做出改变，我们才能应对各种挑战。对于人为因素造成的环境变化，在 20 年前人们就意识到了：

　　　　人类已经由改变工具转换成改变自己。新一轮的进程将关系到人类对自身的定义，而不仅仅涉及做事和生活的方式。这些问题的出现有先后顺序，如果强行把它们带入旧模式只会引发迷惘。
——佩普克《进步的演变：经济发展的终结和人类转变的开始》
(*The Evolution of Progress: The End of Economic Growth and the Beginning of Human Transformation*，1993)

我们现在有能力根本性地重塑自我，其中最重要的原因就是基因选择、大脑提升和长寿的可能。有很多研究解释了人为什么会衰老，有很多方法能使人的寿命变长，其中一种就是控制营养的摄入。以人为对象的实验还在大量进行，但是实验室里的研究表明，喂食较少的动物衰老得更慢，同时活得更长。减少进食，并不会导致营养不良而缩短寿命。另外一种看似有效的方法是基因选择，科学家将他们在动物身上发现的长寿基因组合起来，以药物治疗或基因植入的方式对人类寿命进行干预。随着我们对基因组合认识的不断加深，其他基因方式确实在延长生命方面很有成效。但是不可否认的是人类寿命的延长使人口增长和拥挤问题更为严重。

这个世界将会在短时间内发生惊人的变化。房子现在可以用 3D 打印技术来建造，有些造价只要 5000 美元。太阳能技术在迅猛发展。在很多国家，更多的女性比男性接受了更高等的教育。每种物品都能"循环使用"的时代即将到来。人类在出生前就被监控甚至改造。机器人在工厂和许多服务及教育行业承担了大部分搬运的工作，它们还在继续被改造以承担更多的任务。取之不竭的能量似乎唾手可得。不管是室外还是室内，人们种植粮食作物的能力在不断提高。人工合成的食物已经成为一个亟待解决的问题。我们生活在一个可以自行制造能源的建筑物里，驾驶着可以自行产生无污染能源的交通工具。同时我们在家就可以办公。

这些变化为我们提供了从满足基本生活需要到追求休闲生活享受的可能性。这种诉求提出了好多年，但这一次似乎是可以实现了。它就像一个持续变动的目标，需要我们每一个人的努力，这也意味着政府或非营利性组织应该帮助人们享有富足的生活。而我们应该要珍惜，并为后代子孙努力创造更好的未来。

现实就像不断前进的目标。多年来，休闲及其功能，不断地被技术革新和经济发展定义或再定义，它正在经历着一系列持续且快速的转变。休闲的发展意义深远，因为它可以改变现状，加速变革，控制影响或创造机会。我们对变革的态度和对未来的期望将对休闲选择产生巨大影响，这也是我们对未来的畅想。

因此，休闲、旅游和体育将会经历巨变，它们会变得：
- 更个性化。

- 更全球化。
- 更不确定。
- 更集中。

　　这本书集中讨论 2015—2035 年之间发生的变化。也许最重要的变化在于休闲体验的定制将影响工作与生活的多样性和选择度。那些无处不在的新潮网站将会使生活和休闲之间的界限越来越模糊。文化、宗教和种族将会继续定义休闲及其用途，而所有的这些将会重塑我们的生活。休闲的定制其实就是现实的定制，但如果没有全球观念，很多事情都无法解释。因此，我们应该有系统思维，就如我们思考人类作为一个物种从出生到灭亡的变化过程一样，而这世上亘古不变的就是变化。

　　1994 年 K. 凯莉指出，在 21 世纪，技术变革广泛地采用了生物学模式，而生物学的理念就是差异越大越好。对工作方式的革命引发了另一场变革的思考，即工作可以为人们带来什么？客户的详细信息要求大量专门服务。将大众休闲视作规模化生产的商品和服务的副产品的时代已经过去。休闲、旅游和体育的定制也反映了生活其他方面的专门化需求。这种定制不仅体现出服务或设计要因人而异，而且表明越来越多的人开始有了自己的选择。

　　急剧增长的消费和迅速增加的人口表明，如果全球消费不减少，生产不增加，地球将丧失自我更新的能力。生育率超过 2.1 预示着人类的总重量最终将超过地球本身。就这一点而言，发展中国家在某种程度上影响着地球的未来。因为贫困和女性的弱势仍是人口增长中的主要问题。我们的幸福感，在短期来看，与贫困消除、人权改善、教育变革和女性崛起等因素紧密相关。在这样一个气候恶化、恐怖主义猖獗、快餐文化盛行的今天，休闲及其功能变得更具体，更依赖生活中的其他条件。如果天气足够寒冷，我们会去滑雪；如果墨西哥没有毒品和战争，我们会去那里度假；如果往迪士尼公园的交通顺畅，我们会频繁游玩；如果气温没到 40℃，我们也愿意来一场棒球比赛。

　　一些提供休闲、旅游和体育服务的机构已经开始为大众定制做准备。它们将更加灵活地根据环境或社会的变化来采取相应的对策。尽管每个人都有自己的性格、能力和喜好，但是工业社会已经把人们严格规范在统一的时间模式和生活方式下了。用相同标准对待人们，这种方式在人口分散的社会里已是行不通的，因为每个人的角色不可替代。由于人们的生活变得多样，我们更要适当地、有区别地对待个体。这种社会关系的变化会重塑休闲、旅游和体育的方式。

1.1 休闲、旅游与体育会西方化吗

研究未来的学者往往不太重视休闲、旅游和体育的功能。尽管一些预言表明生活不再只是以工作为中心，但是对于在工作之余到底能做什么，人们并不是特别清楚。由于文化交融并吸收了人们生活方式的诸多元素，休闲及其功能正变得越来越多元化。但是大多数人还是认为休闲及其功能是欧美化的，正如 2008 年《国际新闻周刊》的主编、电视评论员法雷德·扎卡里亚所言，"当今的休闲、运动和度假方式大都起源于欧洲"。的确，有大量证据显示北美和欧洲的休闲方式被很快地传播到世界各地。例如，尽管很多国家都没有万圣节，但他们会庆祝这个节日，像在中国，很多城市的餐厅服务员会在万圣节这天换上各种鬼怪服装；情人节、圣诞节等也都被其他国家吸收并融入了自身文化；很多国家都接纳了篮球和排球这些运动项目；在星巴克喝咖啡也成了很多发展中国家居民的休憩方式；快餐、牛仔裤、摇滚乐、美国电影、电视等休闲方式正在全球风行。

正如英语在被使用者改变，休闲、旅游和体育方式也在被发展中国家的亲历者们不断地适应和改造。因此，在一些拉丁美洲国家，人们会在足球赛事过程中打手鼓以示加油，而英国球迷的方式则是反复吟唱传统歌曲；在中国的星巴克能买到醇香的茶；在中东地区的一些国家，男性和女性依然分开进行各自的休闲活动。虽然西方式休闲占主导地位，但是当人们有时间进行休闲活动时，很多专业运动或公园游览这样的活动都被模式化了。以下是关于伦敦东部移民休闲活动的变化：

> 如今，贝思纳尔格林是伦敦东部孟加拉籍移民的中心，很多英国人把他们看作新的贝思纳尔格林的穷人，从文化上和种族上把他们隔离开了……但是，他们到底有多不一样呢？一个 16 岁的孟加拉籍孩子和一个与其年龄相仿的白人会穿同样的衣服，听同样的音乐，追捧同一个足球俱乐部。购物中心、运动场地和互联网把他们联系在一起，从而创造出一套共享的活动经验和文化体验。
> ——马利克《多元文化主义的失败：欧洲的社区和社会》
> (*The Failure of Multiculturalism: Community versus Society in Europe*, 2015)

因此，休闲成了移民融入当地社会的重要手段。

1.2 休闲的变化趋势预测

休闲、旅游和体育会变得越来越全球化、个性化、不确定化和集中化。有很多因素导致了这种变化,见表1.1:

表1.1 影响休闲、旅游和体育的因素

个性化的影响因素:
• 工作内涵的改变。
• 工作模式的改变(兼职、轮班、团队、在家工作等)。
• 都市化进程的加速和人口密度的增加。
• 能够处理更多社会信息的相关技术。
• 实时技术。
• 移民人数的剧增。
• 移民数量在某一地区的集中。
• 商品和服务差异化在全球的激烈竞争。
• 标准化生活的衰退。
• 从定制化产品到定制化时间的转变。
• 对时间紧缺的认识差异。
不确定性的影响因素:
• 老年人的健康问题。
• 看护需求的增加。
• 全球变暖和极端天气的严重化。
• 恐怖主义及其对策。
• 交通堵塞。
• 旅游区的容纳能力。
• 大量的政府债务,退休和医疗保健制度的再规划。
• 人口增长和人口密度。
• 一些国家的基础设施老旧问题。
• 全球工资不平等现象的加剧。
• 政府应对变革及向受变革影响者提供帮助的能力。

续　表

全球化的影响因素：
• 互联网。
• 更多自主性。
• 各国社交媒介互通性的加强。
• 经济合作体和跨国公司的增加。
• 国内与国际间的移民增加。
• 运输设备的改进以及海陆空运输系统的协作。
• 教育的国际化。
• 跨国旅游能力的增强。
• 流行文化（运动）的国际化。
• 公司总裁的招聘标准。
集中化的影响因素：
• 工农业生产中可被机器人或机器取代的人类工作。
• 高收入和高教育程度人群对休闲的兴趣渐增。
• 一个城市化的世界和"休闲城市"。
• 社会地位日益提高的女性要求更多的休闲机会。
• 全球老龄化要求休闲有更重要的地位。
• 全球城市化催生更多的休闲需求。
• 政府为减少医疗成本而关注休闲的健康形式。
• 四天工作制的可能性和关于工作的其他相关政策。
• 为了解决人口问题的源源不断的可再生能源（endless renewable energy）。

1.2.1　全球化趋势明显

　　1990年阿尔布罗、金以及2006年阿尔罗汉、斯托德曼等都提到，全球化是一个世界观、产品、价值观和文化互相交融乃至国际化整合的过程。交通、基础设施和互联网的发展是推动全球化的主要因素，它们形成了经济和文化间更紧密的联系。因此全球化是一个战略，它推动了国家和文化间的相互合作并使当地人民受益。

　　自20世纪80年代中期，尤其是90年代中期以来，"全球化"这个术语被频繁使用。到了2000年，国际货币基金组织对全球化的四个方面进行了概括，即：贸易和交易，资金和投资，移民和人口流动，知识传播。此外，环境方面的挑战，如气候变化、跨境供水与空气污染、海洋过度捕捞等，都与全球化息息相关。全球化进程影响着工业和商业组织，经济、社会文化资源和自然环境也受其影响。全球化有很多因素，他们各自的发展程度也不尽相同。

2009 年乔希指出，经济全球化是世界各国、各地区间，由于不断加强的商品、服务、技术和资金的跨境流动而产生的日益明显的经济上的互相融合和共存共生。因此，为了寻求利益，专业运动会将业务扩大到其他国家，例如美国国家橄榄球大联盟（National Football League，NFL）也会到伦敦、多伦多和墨西哥城等美国之外的地区举办比赛。美国职业篮球联赛（National Basketball Association，NBA）也在扩张包括中国在内的新的国际市场。经济全球化意味着所有涉及旅游环节的公司（交通、住宿、餐饮和营销）将会国际化并相互依存。中国的旅行社将会影响到美国洛杉矶的旅游业。苏格兰和其他旅游业发达的国家很关注亿客行（Expedia，一个 400 亿美元体量的美国在线旅游公司集团）。2014 年亿客行的相关信息显示，该集团拥有 260000 间酒店和其他可供预订的物业、400 多家航空公司、7000 多家当地旅游产品供应商、数十条邮轮航线和数十家汽车租赁公司。所以，如果一位巴西游客在苏格兰旅游，他想预订酒店，可能会受到如亿客行等网上预订平台的影响。

2006 年詹姆斯提出，文化全球化指的是观点、意义和价值观在全球范围内的传播，进而延伸和强化了社会关系。其中社会媒体扮演了非常重要的角色。手机、电脑和其他电子设备让不同国家、不同文化背景下的人们能够更好地互相了解。就休闲而言，文化的全球性使人们在一定范围内有了更多的自由选择，对于适当的休闲方式的界定也有不同的观点。例如，一个女子橄榄球队在一个国家是被高度认可的运动项目，但是在另一种文化下却是被禁止的；女性独自旅游在一些国家是很正常的，但是在另一文化下却不被允许；同性恋俱乐部在不同国家也会面对不同态度。

研究证据表明，"文化"会影响基因。2011 年乌斯库尔等发现，一个人的文化环境会影响其大脑活动，并逐渐成为基因的一部分。因此，不同文化下的人看待和考虑事情的方式是不一样的，而且这种差异是根本性的。在尼斯贝特 2003 年的一项研究中，当中国人和美国人被问及在同一张照片中看到了什么的时候，中国人说看到了大海，而美国人则说看到了一条鱼；美国人能迅速地进行直接分类，而中国人则习惯辩证地看问题。中国人看重事物的关联性，而美国人注重具体的事物，美国人看到了画中的主题，而中国人通观了画面整体。因此，一种文化构建了一种不同的价值体系。文化全球化让各种文化不断靠近，有时会带来积极的文化融合，但是有时也会导致文化间的冲突和暴力。

毫无疑问，旅游是文化全球化的一个重要因素，因为游客会对文化差异感兴趣,如法国人和埃及人的饮食习惯、希腊人的舞蹈和酿酒术、南非的流行音乐等。多样的语言、流行的文化、历史悠久的胜地成为许多旅游目的地的标志性符号。旅游目的地的呈现方式可能会随着游客群体的文化喜好而改变,例如某些目的地会更重视中国、印度和巴西游客的文化喜好。

2006年詹姆斯指出,人口全球化是全世界劳动力的大融合,包括跨国公司的雇员,与全球化生产有关的人员、外来劳工、远程办公员工、以出口为主的雇工,从事一些临时性或危险性工作的人员等。例如,在中国台湾这样一个小岛上有很多来自亚洲其他国家的劳动力,他们的收入要比在本国工作高;印度有一个非营利组织,它与3000万在中东、东非和其他国家打工的印度人保持联系。各种文化背景下的人们联系得越来越紧密。以下是我自己的亲身经历:

> 今天我在健身房看到两位正在学习太极拳的女性,他们带来一个中国生产的浇水壶。他们在一家泰国餐厅吃饭,同时与一位来自尼日利亚的研究生讨论学术问题。我的爱人芭芭拉来自英格兰,她的父亲是罗马尼亚裔的第一代美国移民,我的小女儿住在加拿大。除了母语英文,我还能说一点西班牙语。刚来我家做客的朋友克里斯和苏珊娜来自澳大利亚。靖和开彦是一对可爱的中国母女。我的姐姐是一个法国孩子的教母,我共事30年的合作伙伴拥有意大利血统。我的兄弟盖伦到过英国18次,罗马尼亚5次,秘鲁6次,印度4次,他非常喜欢各地多元的文化。我所居住的小镇附近有一个叫Amish的少数民族,他们沿袭着德国文化,同时拒绝一切现代科技。我喜欢打网球和观看相关球赛,优秀的女网球运动员大都来自东欧。我那位来自乌克兰的保姆能够说流利的俄语和英语。在小镇上,一幢学生公寓很快建成,那里的工人很多来自墨西哥和中美洲。五月我和芭芭拉去了苏格兰旅游,然后在十月会去中国的杭州和深圳开展学术交流。像视频电话Skype和苹果手机视频通话软件FaceTime这样的网络服务工具让全世界的人们能够实现面对面交流。手机上的翻译工具让说不同语言的人们无障碍地沟通。

民主全球化是一种全球民主制度系统的概念,它帮助世界公民在国际组织里能够拥有话语权。这一理念的支持者认为它有别于国家、公司和非政府组织(Nongovernmental Organizations, NGOs)等。对于有些国家而言,民主全球化强调人们可以直接选出世界领导人和国际组织成员。

关于最初民主全球化的评价来自一些对相关观点的批评。其中一个观点是大型跨国公司不规范的操作影响着贸易交往和金融市场,特别是有些公司为了获取最大经济效益而忽视工作环境、安全标准、薪酬制度、环境保护条例以及国家立法的权威性、独立性和主权性，并因此受到谴责。正如 2012 年 2 月，一些评论员把全球经济的新变化定义为"涡轮式资本主义"，即缺乏针对社会与环境需求的必要约束的资本加速。

经济全球化会影响全球化的其他方面。因此，一些评论员认为全球化只是一个发展阶段，如果贸易壁垒阻碍了国际贸易的发展，那么全球化的进程也会减缓。另外也有很多因素推动全球化的发展。各国人民要互相依靠，因为很多问题，如天气变化，已经不是单独一个国家就能够解决的。移民问题加速了一些国家的老龄化，同时也为另一些国家引入很多年轻力量。由于天气变化和地区冲突，移民问题也给人们带来了新的思考。

地球表面的 4/5 是海洋，没有一个国家能拥有所有的海洋、沿海地带以及两极的极寒地带。没有一个国家能够彻底解决贫困问题，尽管北欧国家已经通过整合社会主义和资本主义制度的方式缓解了这一问题的频发性，但没有一个国家能够完全解决所有问题。

1. 环境问题全球化

作为全球化的形式之一，环境问题全球化指一个国家的环境问题也会影响其他国家。气候变化自然也是全球问题，由于美国人的肆意消费和污染，臭氧层发生了变化。二氧化碳的排放也是一个全球性问题。一个国家缺水的情况也会引发邻国供水的变化，例如，如果以色列和巴勒斯坦在水的问题上没有达成共识，纷争将持续不断。"侵略性"物种会改变动植物的生态，例如，在巴西，最令人畏惧的是野猪，它们毁坏了当地的农作物和植物链，给当地动物带来了灾难，非洲的野草和蜗牛也给自然生态环境带来麻烦。人和物在国际间的频繁流动诱发新疾病，物种和环境问题也因此产生。这些更能证明环境问题就是国际性话题。没有一个国家能够独立解决好这个问题。2013 年沃尔什指出，所有环境保护的行动，如减少燃烧煤炭、增加供水渠道、清洁被污染和酸化的海洋等，都需要全世界人民的共同努力。

这些问题对各国政府和国际组织有着巨大影响。2015 年施瓦茨的一项研究表明，如果全球变暖问题没有得到有效控制的话，到了 2100 年，波斯湾地区的日平均温度将会达到 76℃ 左右，这可能引发整个国家的人口迁徙，如果没有国家愿意收留的话，这个地区的人们终将走向灭亡。在所有全球化问题中，全球的环境问题是最重要的，因为人类的命运将取决于各国政府能否找到有效的解决方法。

民主全球化对休闲、旅游和体育有着忧喜参半的影响。一方面，人们用行为表达他们的态度，与此相应，越来越多的休闲服务供应商开始关注顾客对需求的反馈。另一方面，为了吸引顾客，商家用"病毒式营销"等方式来推销他们的产品和服务。"病毒式营销"是利用社交网络服务和相关技术来宣传和培养品牌知名度,实现其营销目的的一种营销模式,而这些服务和技术方式,类似于病毒传播或计算机病毒复制。信息可以通过口碑或互联网等移动设备来传播。消费者从社交媒体上接收网页,或从网页上复制整个广告,继而通过邮件、博客、社交媒体平台等传播出去。病毒式广告的形式多样,比如视频、游戏、电子书、品牌化软件、图像、文字、邮件等。"病毒式营销"的创造性本质使它以不同形式在各种工具上传播信息成为可能。

2. 对休闲、旅游和体育的潜在影响

全球化趋势正在对休闲、旅游和体育产生重大影响,许多休闲活动的"国别性"特点在减弱。休闲活动的"原真性"将会越来越复杂,瑜伽的发展就是一个例子。一个国家的流行运动,如棒球、跆拳道等,可能会推广到其他国家,媒体全球化推动了这一趋势。例如印度人通过电视了解了橄榄球的打法,南美洲的听众开始欣赏北欧作曲人的音乐,尼日利亚鼓手的表演也逐渐影响着加拿大的打击乐手。

很多体育运动都日趋全球化。例如足球,它已经是一个全球性运动,同时也影响着全球化进程,弗尔指出:

> 互联网等高科技让足球的影响如此之大,更重要的是我们从中窥见了全球化的趋势。90 年代,西班牙队由英国教练带领,配置了德国和土耳其球员,罗马尼亚球队中也有非洲球员。人们会发现,在足球队里,国家和民族的差别已经不复存在。
>
> ——弗尔《足球如何诠释世界:一个关于全球化的生涩理论》
> (*How Soccer Explains the World: An Unlikely Theory of Globalization*, 2004)

其他运动,从网球到棒球,都已经实现国际化。美国职业篮球联赛(NBA)在中国看到了该运动的光明未来,因为有近 3 亿中国人在打篮球并且热情高涨地观看 NBA。

> NBA 的第二场中国新年庆祝活动包括持续 8 天的 23 场直播球赛,上个月有 1 亿 700 多万球迷在电视或网络上观看比赛,比去年同期的观赛人数增加了 11%。
>
> ——库南《NBA 在中国的发展》
> (*NBA Grows in China*, 2013)

中国篮球协会里每年都会涌现越来越多的好球员，美国职业篮球联赛的地位正受到威胁，这就像美国少年棒球联盟逐步失去了世锦赛霸主地位一样。

运动同时反映了人们的工作方式。随着机器化生产的发展，运动也从个人的、无组织的活动变为组织严明的团队行为。规则变得严格而复杂，效率在某些高水平比赛中成了首要任务，管理工厂的规矩也被用来管理赛事，工厂的团队概念也被用在了篮球、棒球、足球运动中。很多自我管理的运动如今也需要裁判或仲裁人。运动也变得高度制度化，更合理也更科学。在这个全球化时代，体育运动将被改变，同时将反映国际化的趋势和价值，这意味着体育运动将兼顾效率和可观赏性。

全球化的另一个影响不仅在于运动的传播，而且在于为冷门运动吸引了大量粉丝。表1.2统计了世界范围内爱好者数量排名前十的体育项目，我们可以留意一下，这里面有多少在美国属于小众运动？另一方面，美国的运动项目也传播到全世界。排球和篮球发源于美国，而美式橄榄球和棒球也在欧洲各国呈现着本国特色的形式。

随着全球化进程的发展，不仅各国互相学习各种体育运动，而且体育爱好者——从啦啦队长到足球流氓——也吸收并重建着运动传统。例如，在很多国家，网球和高尔夫球比赛都需要观众安静地观看，但观看足球比赛时，球迷却可以大声呼喊和歌唱。伴随着美国橄榄球赛而产生的车尾派对也在许多国家里盛行。

表1.2 全世界粉丝量排名前十的体育项目

排名	运动项目	估算粉丝人数	影响范围
1	英式足球	35亿	欧洲，非洲，亚洲，美洲
2	板球	25亿	亚洲，大洋洲，英国
3	曲棍球	20亿	欧洲，非洲，亚洲，大洋洲
4	网球	10亿	欧洲，亚洲，美洲
5	排球	9亿	欧洲，大洋洲，亚洲，美洲
6	桌球	8.5亿	欧洲，非洲，亚洲，美洲
7	棒球	5亿	美洲，日本
8	高尔夫球	4.5亿	欧洲，亚洲，美洲，加拿大
9	篮球	4亿	美洲
=9	美式橄榄球	4亿	欧洲，非洲，亚洲，大洋洲

* 数据来源于http://www.mostpopularsports.net/。

全球化对旅游的影响程度目前还不太明朗。例如，旅游业要为伦敦持续打造出"英语城市"的形象，但实际上伦敦已经是一个国际化大都市，这里有泰国餐厅、美国啤酒、意大利披萨和非洲移民；成千上万的法国人在伦敦工作，以至于法国总理候选人要到伦敦来拉票。全球化弱化了很多风景名胜地的原真性，导致各个地方的差异性越来越小，很多国家保持传统的呼声也越来越弱。

场所依赖和场所感是旅游研究中的大课题，但全球化进程制造了更多的相似性和流动性，从而弱化了本源性和文化性。

1.2.2 个性化趋势明显

简单来说，个性化定制指根据个人的特殊需求和喜好进行制造和调整。由于科技的迅猛发展，对个体要求的回应越来越精准，个人信息越来越充足，高素质人群的需求也越来越个性化，定制遍布生活的方方面面。定制产品和服务需求的增长亦源于高素质群体的扩大，接受过良好教育的人有自己独特的品位和兴趣，在风格、特质等方面的追求更独特，内涵更丰富。哪怕对一个电子产品，人们都要求它的设计有特色。"大众"这一概念（如大众文化、大众产品、大众休闲等）也逐渐退出历史舞台。

人们在休闲体验、产品和服务等方面体现个体差异化的能力与日俱增。越来越多的顾客、参赛者、旅游者、运动员和听众选择定制服务。例如，人们在亚马逊网站购物时，能看到商品页面上同时也出现了针对个人的广告；客涯网站（Kayak）能清楚地告诉顾客想查找的航班和酒店信息；健身中心了解会员的打卡时间、健身用时和具体花销。20世纪50年代的美国大众休闲的内容是，一半以上的国民都在周二晚上收看同一个电视节目。而这个时代早已过去，取而代之的是数百个电视频道、数百万条音乐作品和不计其数的网络资源。

1. 定制产品

由于出现了电脑辅助功能，定制进入了一个新阶段，产品的定制需求大量增加。

定制指的是在营销、生产、管理过程中，通过电脑辅助的生产系统做出符合个人需求的产品。这些系统结合了大规模生产的经济性以及个人定制的灵活性。如2006年蔡斯、雅各布斯等学者所言，大众定制"在最新的供应网络出现之前，有效地延迟为顾客进行差异化生产的任务"。

在工业时代，许多国家的物资生产与标准流程紧密结合。卡尼格尔在1997年指出，通过"科学化管理"，生产过程被重新组织，因为人们认为有最好的方法来做事。人们对时间和运动的研究使工人们在流水线上的每一个动作都被规定和评估。尽管"科学化管理"革命性地改变了钢厂等组织的经营模式，但是他们并没有找到最好的生产方法。标准化生产反映出对雇员了解的缺失，或者说体现了一种把工人当作奴隶来对待的想法。当高科技和心理学帮助我们更多地了解每一个人后，我们可以发现有些人获得短暂休息之后会在工作中表现得更好，而另外一些人则需要更长的休息时间。有些人在早上工作效率最高。有些人在被严厉批评后表现更好，而有些人则会因此受到伤害。有些人在家工作效率也很高，有些人则会受到家务琐事的羁绊。每小时赚3美元对有些人来说是丰厚的工资，但是对另一些人来说就太少了。因此产品的定制是关于做什么和如何做的问题。

高科技为生产提供了无数可能。例如，大地尽头服装公司（Land's End）可以根据产品的尺寸、式样、材料、颜色和支付方式，提供数千种不同的销售方式，产品定制看上去可以实现所有可能。

2. 定制健康

长期以来，人们认为某些特定的行为、食物、药物或治疗对人的身体健康利弊参半。但是，目前医疗保健已经在一定程度上出现了定制，这将改变治疗方式。作为一种科学，"表观遗传学"在其产生之初即已告诉我们，大量的基因特征在日常行为中通过"关闭或开放"而被设定。例如，如果一个胎儿的妈妈经常吃垃圾食品，那么基因反应会判断胎儿处在营养缺失的状态，因为垃圾食品是没有营养的，这个胎儿就可能被"编码"成食量很大，导致孩子出生后肥胖。理想的健康状态在某种程度上也被解读为个体基因倾向。例如，每个人喝水的需求不一样，睡眠时间长短不一样；面对高压或锻炼，每个人的反应也不一样。因此健康的构成因素远比人们料想的复杂，于是定义健康的休闲也更加复杂。尽管个人习惯可以影响寿命，但基因特质也起了关键作用。2010年戈德比指出，这也是现在一些公司开始关注求职者基因特征的原因之一。

基因监控这个话题尽管饱受争议，但还是越来越频繁地出现在工作场合中：

> 这些测试发现基因异常存在于健康的个体中，而它会提高人们患某种疾病的风险。在工作中，这种测试被用在一些职员的检测上，由于特有的基因构造，他们在化学或辐射的工作环境下罹患某种疾病的概率会更高。
>
> 研究表明，大约50种基因混乱会使人们在有毒或致癌工作环境中更易患病。如一个有镰刀形红细胞的人暴露在一氧化碳和氰化物的环境中，其患镰状细胞贫血症的风险会更高。富含铅和苯的环境对地中海贫血患者的健康尤其有害。
>
> ——安德烈、贝拉斯克斯《阅读基因：工作中的遗传筛查》
> （*Read My Genes: Genetic Screening in the Workplace*，2015）

3. 定制人类

对人类的定制是客观存在的，后现代主义正在重塑人们的生命轨迹和家庭结构。许多发展心理学家不再提及"生命阶段"，因为在工业经济背景下，传统意义的个人生活阶段已经不复存在。现代社会的家庭概念正在弱化，平均每个家庭少于 3 个人，1/5 的家庭里只有 1 个人。在美国，一半的成年人没有结婚，即便有家庭，形式上也更多样，因为可能会离婚或再婚，也可能会出现同性恋家庭或多种族家庭，这些趋势推动了休闲模式的定制化发展。

同样，中国人开始与非洲人结婚，印度人移居到加拿大渥太华与一群中国香港人为邻。种族的概念开始消失，因为人们开始异族通婚，这影响了他们的身份。所谓的"纯种人"概念在当今社会已不再流行，在日本，人们必须吸引其他国家的工人来工作，最终他们可能会跟其他国家的人通婚。2015 年的日本小姐有着非洲血统，这种现象此前从未出现过。在一些国家里妇女必须穿上盖住她们身体的衣服，而在另一些国家，妇女有可能成为一国总理。在很多文化下，女性可以接受更多的教育，有更高的情商，这使她们的未来充满机会和希望。

对人类的定制始于胎儿检测，并一直持续到人生命的尽头。2013 年洛夫乔伊指出，2017 年每两个美国人就会有一个选择火化。加拉赫在 2015 年指出，婴儿设计——从相貌、智商、健康等方面对基因进行修正——已不再是一个科学幻想。

4. 对休闲、旅游和体育的潜在影响

很多休闲方式正在被定制，而且这种趋势在逐渐加强。例如旅游业中的酒店，它的未来充满了无数定制的可能，从数字化墙面到家具，都会发生形状和质地上的改变。最前沿的技术叫作"电子黏土"（Claytronics）。用电脑编程、微型机器人和"电子黏土"做出来的一张床在白天可能变成一个沙发，这可以为小型酒店节省更多的空间。除了技术方面所能提供的定制外，酒店，尤其是客房，都会通过定制来满足居住者的要求，这意味着对客人的事先了解非常重要。高档酒店总会为他们的客人定制居住体验，例如了解客人所喜欢的食物、饮料、叫醒服务甚至特定设备的使用等。

定制其实就是一种特殊化。越来越多人，尤其女性，能接受高素质教育。她们更倾向于定制某一种自己喜欢的休闲行为。这些高素质群体更愿意参加阅读、文化沙龙、继续教育、长途旅游、体育锻炼、户外休闲活动和志愿者活动等。很多受过良好教育的人在参加休闲活动时希望能有差异化体验，在体验中寻求更多的信息和意义。而不同教育背景的人混住在一个社区则可能创造更多的大众休闲活动。

5. 旅游中的大众定制

当"大众定制"这个词在 20 世纪 90 年代中期开始使用时，很多人都不接受。正如本书作者生长于大规模生产的机器工业时代，那时人们的思想和行动都被严格规范。为个人定制的餐饮是上层社会的有钱人才有的特权，因为他们可以为定制服装和食物支付高昂费用，所以那时根据顾客特殊需求来定制产品的情况少之又少。但是厂家越来越重视顾客体验的感受，这种情况开始随之改变，不管是线上还是线下销售，顾客的感受就像火苗一样能帮助厂家设计出更成熟、更先进的营销策略，以改善顾客体验，鼓励消费。

一个关键的论点是无论休闲服务机构是否盈利，休闲服务都是大众定制策略成熟的产物，休闲研究专家应认识到这一点并加以充分利用。

首先，大众定制并不意味着我们要定制某个个体所经历的每一个情境，而是把它运用在一个群体中的个体或特定个体中。满足一个或几个游客的需求是很容易的，但是这种定制的旅游是很昂贵的。同时，中小规模的大众定制也互相关联。先研究人的需求、期望和特征，然后建立反馈机制来调整行程安排，这将会创造更好的旅游体验，而不是用严格的日程来约束他们，或者只有一个导游随时陪伴在侧而已。

同时，有人认为大众定制只是单纯地提供顾客所需，例如询问他们想看或想做什么，然后满足其要求。这看上去是安排行程的简单方式，但却不是最好的。因为如果一群游客之前从未到过旅游目的地，也没有事先了解当地的历史文化和风土人情，他们并不知道什么是值得游玩观赏的，所以也无法告诉导游他们想看什么。并且有些人只是单纯出于对一些绘画作品或历史事件的背景地有兴趣而待上两周。有些人希望饮食种类能固定，但大多数人希望食物能多种多样。因此针对大多数人，一个专业的旅行组织者就应该提供一个合理的线路，使行程丰富多彩，避免枯燥乏味。

所以定制不只为一个人或几个人设计，而是可以运用于群体，定制要求组织者充分考虑顾客的需求和期望。周到的旅游团队定制能灵活处理团队的需求，并能在旅程中根据情况随时调整方案。

> 我在英国当导游时犯过一个错误。为了能让游客觉得自己的花费物有所值，我在行程中塞满了景点，因此日程很满，人们都没有时间好好逛逛，反而都觉得很疲惫。到了带第四或第五个旅行团，我发现了大众定制的好处，即应该充分考虑团队成员的喜好。所以当人们第一天来团队报到时，我会询问他们特别想去哪些地方。有人会告诉我他的想法，有人只是说："我们听你安排。"每一天的最后一个行程，我一般都会安排著名景点（比如坎特伯雷大教堂或大迪克斯特花园），有时也会游览团友们提到

的景点。这种安排给了人们足够多的时间四处游逛，欣赏美景。到了晚餐时间，当客人们品尝着美味的牛排时，我会询问他们当天的感受，了解哪个景点最受欢迎。行程进行到一半时，我已基本掌握游客们的喜好了，于是我会根据他们的具体要求来灵活调整行程和游览项目。用心地倾听他们的想法，然后凭借我对英国的了解，提出一些他们从未听过，但去过之后一定流连忘返的景点来供他们选择，以此作为固定线路的补充项目。

——盖伦

毋庸置疑的是大众定制需要充分了解顾客并与其沟通。尽管这个过程非常耗时，但是这有助于建立持久的关系和信任，这对情感建立和经济效益都帮助良多。

定制的增加会加深人们对健康休闲的理解。品红酒、赏夕阳是一些人的休闲方式，但是对另外一些人来说，这可能会带来酗酒问题；对煤炭工人而言，下班后看电视是一种必要的休息，但是如果孩子一整天都坐在电视机前就不那么健康了；打网球可以给人们带来健康，但是有人也可能因为在户外曝晒而罹患皮肤癌。由于每个人的需求不同，对健康休闲的理解和选择自然也就因人而异了。

健康的休闲方式因文化差异而有所不同，健康饮食亦是如此。2018年迈克尔·波伦指出，对于健康饮食，不能单纯地研究营养成分，而必须在特定文化情境下讨论其内涵，休闲也是同理。当一个人的生活改善了，休闲的诉求也会从渴望放松和休息变为寻找生活的欢愉再到探索生命的意义。在一些文化下，尤其是那些从事繁重体力劳动的人们，健康休闲主要体现在休憩、游戏、与友人聊天以及传统的棋牌游戏上。这些活动使人们与文化产生了连接。有些愉悦的获得需要社会的认可。例如在一个集体化社会里，参与活动就是一种休闲娱乐；但在个人主义文化下，如北美，休闲意义的探寻更多地集中在个体层面。因此文化不同，健康的休闲各不相同。这就是很多日本及其他亚洲国家的移民刚搬到美国时面临挫败感的原因之一，他们原有的集体主义文化消失了，在美国有了很多"自由时间"，它就像空壳一样等待人们自己把它填满。

尽管休闲可以定制，但是我们要用合理健康的方法来引导人们进行活动。一个婴儿的大脑神经细胞数量会达到它所需的两倍之多，这些细胞会接收化学刺激或电刺激来维持正常的新陈代谢。如果一个细胞无法被激活，它会自行毁灭。不仅大脑会因为"缺乏使用"而功能衰退，其他器官和功能也一样，如前臂力量、想象力、笑的能力和演奏乐器的能力等。因此，健康的休闲指的是人们对相关能力的使用，尽管这种能力因人而异，因文化而异。

1.2.3 不确定性趋势明显

科技、生活和休闲都是随着具体情况而变化的，有很大的不确定性。例如一个绝症病人可以被治愈，因气候变化所致的海啸和潮汐风暴会淹没大量的滨海房屋。不确定性有可能是一个恐怖分子引爆了一个广场，或者一场大塞车阻止了人们的旅游计划。这都是阻碍休闲活动的突发状况。

由于战争变得越来越复杂，游客和体育爱好者会避免去战争地区。从20世纪90年代开始，军事专家意识到传统的战争模式正在消失。"恐怖分子"和"低密度战争"已经成为"贫穷者"抗衡"富裕者"的方式。犯罪和战争的界限变得越来越模糊。如今低密度的冲突或摩擦逐步取代了传统战争。军事史学家马丁·范克里韦尔德曾在1991年提到：

> 小规模、零星的战争将改变传统的军事模式，规模会逐渐缩小直至消失。而日常的、抵御低密度冲突的保卫行为将成为安全问题的重点……

作为生活中长期存在的形式，恐怖主义将使人们的休闲，特别是旅游行为，变得更加慎重和灵活。这也意味着在冲突日益增加的今天，确保安全、预测未来和远离争端变得非常重要。

1. 人口不确定性的改变

人口的发展趋势使得休闲、旅游和体育活动变得更具偶然性。人口的大量增长意味着人均休闲供给，如国家公园、运动场地等资源的减少。休闲的基础设施建设是否能跟上世界人口从70亿发展到120亿的速度，这也令人怀疑。因为有些旅游景点是无法复制的，例如地球上不可能出现第二个美国大峡谷。因此，如果不控制入园人数，大峡谷的拥挤状况一定会更加恶化。

人口在大城市的逐步集中使一些休闲、旅游和体育活动的开展变得困难，尤其是那些需要亲近大自然的活动。在很多国家，农村人口大量涌入城市，这就意味着需要增加公园、娱乐设施和文化资源来满足越来越多居民的需求。而新居民的到来并不仅仅意味着增加现有的休闲设施，还催生了休闲、旅游和体育活动新形式的出现。

人口的其他变化也使得休闲具有更多的可能性。如在很多国家，女性地位的提高使她们与男性在休闲资源方面产生了竞争。全球人口高龄化会带来更多的健康问题，这也有可能妨碍人们参与休闲活动，也会影响那些需要照顾老人的子女和朋友。因此这些人口方面的变化使人们对休闲的参与变得不可预测。

2. 基础设施不确定性的增加

休闲活动的基础设施建设形势日趋严峻，因为高速公路、桥梁、机场、排水系统都在逐渐老化。美国和其他国家都面临基础设施危机。虽然我们还不太清楚科技的发展将对这种局面产生怎样的影响，但是美国土木工程师协会（the American Society of Civil Engineers，ASCE）已经指出了这一问题：

> 根据每个州的评估数据，ASCE 对国家基础设施的评定级别为 D+，其中有些地方已经出现了严重的问题，比如航空、饮水系统、公路、中转系统以及下水道排水系统。
>
> ASCE 认为到 2020 年完成所有设施的修缮需花费 3.6 万亿美元，但目前还有 1.6 万亿美元资金的缺口。大量的资金需求迫使政府必须勒紧裤腰带，许多基础设施基金已经到了破产的边缘。
>
> ——海尔希《美国基础设施建设在年度报告的评定级别中只有 D+》
> （*US Infrastructure Gets a D+ in Annual Report*，2013）

那些在二战末建设的大型基础设施的使用寿命基本上已经到期，但是目前很多都没有得到更换，维修、维持现状都很难。而有些人愚蠢地认为政府无须做任何事，这使情况变得更糟。因此一些桥梁被关闭，这导致人们到达对岸的时间变得无比漫长。

3. 环境因素不确定性的增加

环境因素使很多休闲活动变得不可预测。湖里还会有水吗？潮水是否已经淹没了海边旅社？是否会出现酷暑天气以致阻碍了户外网球比赛的进行？从迈阿密到上海的行程是否因为洪水而取消？天气变化将重塑休闲、旅游和体育的方方面面，让这些活动变得更加不确定和不可预测。例如专业运动员不会愿意在大气和水污染严重的地方比赛，也不会选择在酷热的极端天气里比赛。因此运动赛事会随着天气变化而变得难以预料。

4. 对休闲、旅游和体育的潜在影响

由于很多休闲活动有条件限制，所以与景点相关的信息变得非常重要。人们一时冲动的旅行决定会越来越少，那些休闲旅游和体育活动的赞助商会让游客全面了解活动信息，例如一些大型航空公司会在网上实时更新航班信息。

不确定性的增加意味着个人行为会更有计划性和更慎重，会收集更多信息而不会一时冲动。这些都在逐渐改变休闲的本质。

1.2.4 集中化趋势明显

休闲最显著的变化在于它将成为人们生活中更核心的部分。这意味着人们会有更多时间追求工作之外的乐趣，也会出现更多的休闲机会和设施，越来越多人会改变工作至上这一想法。

纵观历史，多数工作是跟体力紧密相关的，先是为了食物和衣服而狩猎、种植农作物等。之后，出现了犁地、在工厂的传送带上传送物件、用工具在地下挖煤矿、开动除草机或者手洗衣物等工作。而如今所有的这些劳动形式已经消失。结合智能应用的自动化机械正在迅速取代大部分工业和农业的劳动方式。很多家务劳动也面临同样的情况，机器的协助使我们在这些工作上花费的时间越来越少。因此，不管人的工作能力如何，改善社会福利、提升人们的幸福感都是非常必要的。

在世界各地，人们的收入和教育机会也越来越多，如通过网络学习的人数在不断增加，贫困人口在减少。那些接受良好教育且有较高收入的人群更愿意也有更多机会参加各种休闲活动。

同时全球的城镇化趋势也日益明显。农业生产不再需要太多劳力，高收入工作的机会大都集中在城市，因此城市里出现了很多休闲机会，从博物馆、俱乐部到运动设施。在城市里，休闲得到了长足的发展。

由于城市居民越来越喜欢娱乐，政府和非营利性组织在提供休闲机会和卫生保健方面的作用越来越大。休闲机会直接影响保健的两个重要变量——体育活动和压力程度。在南美洲的很多城市，政府鼓励减少汽车的使用，提供一些环境优美的场所供人们步行或休憩，或是把休闲活动带到曾被汽车主宰的城市商业中心。2014年戈德比和宋瑞指出，在中国，休闲城市（Leisure City）这个词被广泛使用，为提升城市形象，每个城市都试图通过改善自然和人文环境来为人民提供高质量的休闲活动。

伴随城镇化而来的是人们接受更多教育的能力，所谓的"接受教育"不止在学术层面，还包括通过网络获得全球信息。因此，人们的休闲视野变得开阔，包括那些不可能出现在乡村里的休闲、旅游和体育新形式。

同样，那些使用新能源和可再生能源的休闲变得更加重要。因为它们不需要砍树、烧炭、购买石油或依赖某种能源。阳光、风、氢气和其他看似取之不尽的能源将会催生新的休闲方式。因此，工作不再是生活的中心，4天工作制或30小时工作周可能都将成为现实。

最后，随着世界人口老龄化的加剧，具有劳动能力的人的数量正在减少。所以，老人更需要有休闲生活。

1.3 休闲概念的变化

由于休闲变得更加重要，它的内涵也随之发生改变。我们可以从四个基本语境中了解休闲的概念：时间、活动、生存现状和思想状态。在时间语境下，休闲指人们能相对自由地去做他们想做的事。1961 年德·格拉齐亚指出，亚里士多德称之为"可利用时间"（available time）。有些人却认为这种时间是不好的。凡勃仑哀叹在 19 世纪末出现的新的有闲阶层，他们毫无意义地消磨时光，只是为了炫耀财富。另一种休闲的定义是那些进行生活必要活动之外的时间。

1960 年卡普兰对社会上出现的几种不同的自由时间作出划分，分别是：
- 富裕阶层的长期自发休闲时间。
- 无业人群的短期非自发休闲时间。
- 员工规律的自发休闲时间。
- 残障人士的长期无行为能力时间。
- 老年人的主动退休时间。

很明显，这些不同的自由时间会给人们带来不同的感受。

休闲也被定义为不同种类的活动。古德曼在《休闲：目的性或随意性》（*Leisure: Purposeful or Purposeless*，1965）一书中指出，古希腊语中的"休闲"（schole）意思是"摆脱必要责任的压力而进行的严肃活动"。这个定义不仅没有对休闲与工作作出严格的区分，也没有说明其与"recreation"（娱乐）的联系，因为希腊语中存在另外一个词来表达"愉悦地消遣以打发时间"之意。1958 年拉拉比、迈尔松指出，英语单词"school"就是由希腊单词"Leisure"衍生而来。休闲活动的概念被拓展为：

> 人们在完成了工作、家庭和社会责任之余，可以自行选择从事的活动，其目的是休憩、娱乐、增长知识、学习技能、服务社区等。
> ——杜马哲《休闲的社会学问题》
> (*Current Problems of the Sociology of Leisure*，1960)

当"休闲"被定义为"活动"或"消遣"时，我们发现没有一种活动会一直起到休闲的作用，很多活动或多或少都充当着"休闲"的角色。例如，打棒球就是工作之余的主动行为，并能为参与者带来快乐，当然也有例外，有些人打棒球是为了谋生，另一些人打球的目的则是为了保住他们的工作或建立人脉。但对大多数人来说，打棒球就是一种休闲活动。

德·格拉齐亚在《时间、工作和休闲》（*Of Time, Work, and Leisure*，1961）一书中提到，"休闲"被定义为一种状态，就像亚里士多德所说，它是"游离于必要性忙碌之外的状态"（absense of the necessity of being occupied）。1958年米德指出，这种状态也被认为是一种沉思或冥想。因此，休闲总是作为一个形容词用以描述从容的、平静的、不慌不忙的状态。这个词也与宗教仪式紧密相连。1952年彼佩尔认为休闲是一种人们愉悦地接受了周遭世界和生活现实的仪式感。所以它也被认为是人们在精神层面保持优雅的方式。我们不能对它予取予求，因为它是生命的馈赠。

休闲也是一种精神状态，很多心理学家把休闲描述成可以感受的自由或内在的自我控制。也就是说，人们认为自己是自由的，而且他们可以控制外界而不是被外界所控制。1974年心理学家约翰·纽林格认为：

> 休闲只有唯一一个标准，就是可以感知自由。任何自由的活动，没有制约和强迫，都可以当作休闲。休闲是指一种人们能自由选择并进行的活动。

结合以上定义，为适应瞬息万变的时代，休闲也需要被重新定义：

> 休闲是从文化和物质环境的外在压力中解脱出来的一种相对自由的生活，它使个体能够以自己喜爱的、本能感到有价值的方式，在内心热爱的驱动下行动，并为信仰提供一个基础。
> ——戈德比《休闲的终结？对罗杰克关于"休闲与情商"观点的评论》
> （*The End of Leisure? A Commentary on Rojek's "Leisure and Emotional Intelligence"*，2010）

这个定义不涉及时间或思维状态。相对自由指的是自由也是有限的。这个相对自由为实现自由提供了机遇。行为的动力是内心强烈的爱。1989年戈代尔、戈德比指出，这个想法包括内在动力但又可以超越它。

这里"本能感到有价值"的活动，指人们在最初进行这个活动时，它还不是一种"休闲"，但当人们逐渐爱上它并本能地去做，开始对它怀有信念时，这种信念则可以使生命更有意义。

1.4 对未来的多重思考

在了解世界趋势后,我们要运用想象力来寻找关于未来的确切问题。在进一步思考之前,有很多关于"如果"的问题可以帮助我们发散思维,这些问题可能会出现,也可能不会,但是对其进行深入思考能帮助我们探寻未来世界的发展方向。

1.4.1 如果未来属于贫困国家怎么办?

生活质量、教育水平、经济能力、健康状况越好,生育率可能就越低。在大洋洲、欧洲和美洲,没有一个国家的生育率高过2.1,日本和其他富裕国家也是如此。这些地区的人口数量正在急剧下降。但是贫困国家却产生了世界上数量最多的城市人口。当富裕国家人口减少,他们有可能吸引有着高生育率的贫穷国家的移民来增加本国人口。例如,西班牙的出生率只有更替率的一半,它不得不接收罗马尼亚、摩洛哥和其他贫穷国家的居民为其注入新的人口。当富裕人口逐渐减少,贫困人口取而代之,旅游业会发生什么变化?运动会有什么改变?休闲业会衰退吗?这些新的移民会经历怎样的休闲模式呢?

1.4.2 如果无尽的能源产生了无尽的休闲该怎么办?

人类正致力于生产出取之不尽的能源。尽管石油、煤炭和其他燃料数量有限,但人们在太阳能、热能、氢能、风能和其他燃料替代物等方面的研究发展迅速,而且成本大大降低。先进的技术使汽车通过自身运动来生成能源。房屋利用监控设备能更好地使用能源和智能工具等。回收再利用在理论上已经没有什么限制——"垃圾"一词只能显示一个人的无知。如果人类有了用之不竭的能源,工作的必要性就会骤减。使用无限能源的闭环系统将重新诠释人们生活的意义。机器人已经承担了很多生产和农业工作,服务和教育工作也会受其影响。

人们对于一件事的趣味性、价值感和愉悦性的要求越来越高。对于愉悦性,起初人们只想在身体上感觉舒服,慢慢地,人们开始追求精神上的愉悦。人类可以变得更复杂、更有道德感、更独立和更自律。休闲是文明最后的试金石(剧作家萧伯纳在他的戏剧《错姻缘》中有所提及)。

休闲在我们生活中变得越来越重要,未来学家马丁·沃尔夫在2015年这样说过：

> 我们要重新看待休闲，长期以来，有钱人的休闲生活是以大量浪费为代价的。智能机器的产生帮助人们在不掠夺他人资源的情况下过上休闲的生活。……好吧，让人们尽情享受吧。那么我们不断创造繁荣景象的真正目的又是什么呢？

最终，对于生产出供大于求的物资会有什么样的后果这个问题，我们得出了结论。那就是，我们可以开始一种以休闲为中心，而不是以工作为中心的生活方式。有一个愚蠢的说法是无止境的发展会毁了我们，而这种生活方式正反驳了这一说法。

休闲并不是规则和控制的终结，而是将规则和控制的权力由组织转移到个人。有了取之不尽的能源后，人们需要花费更多精力学习如何对待和利用休闲。对很多休闲方式的欣赏是需要学习的，而且在一段时间里，这些活动可能不是那么令人愉悦，例如小提琴初学者拉出的琴声像锯木板的声音一样刺耳，刚开始学放风筝时美丽的风筝很可能一个劲地往地上栽。不过，随着不断学习，技能也在增长。西方哲学家认为精神上的愉悦远比身体获得的愉悦高级。那么如何增加这类学习的机会呢？对于很多休闲活动，人们要有参与感，就像参与自己的工作一样，休闲生涯能够像职业生涯一样定义一个人。而严肃的休闲也能像校园学习一样促进教育发展。对于很多更高层次的休闲，愉悦感是可以习得的。这就意味着社区应该提供机会，让年轻人尝试各种休闲活动，以便他们增进了解，习得技能。正如在很多美国小镇上会举行各种艺术展览和相关活动，开设很多低成本的绘画、雕塑或其他视觉艺术培训班，我们会发现有很多人都具备一些艺术天分。他们接受这方面的训练后，便能用艺术表达自己。

马丁·沃尔夫认为人的生活应该是休闲的，而工作应该更多地交给机器和高科技：

> 我们应该在更大范围内重新分配收入和财富。这种重新分配将以成年人的基本工资形式出现，还要算上每个阶段的教育和训练费用。这样则有可能出现一种更加愉悦的生活方式。

同时，除了工资外，人类的价值应该还有其他衡量方式。

1.4.3 如果气候变化导致所有休闲活动转移到室内怎么办？

目前，在印度和其他一些国家，由于空气质量的原因，户外活动有时变得不太健康，更谈不上让人身心愉悦。从举办婚礼到儿童游乐，许多酒店和度假村已经配备了大型场地以便人们进行休闲活动。在许多国家，散步在户外休闲运动中位居第一，但是在空气质量恶化的地区，这项运动变得越来越不健康。同时，越来越热的天气和老龄化人口使人们更多地选择在购物中心、室内运动场、跑步机和其他室内场所进行步行运动。对很多人来说"户外娱乐"的时代仿佛已是昨日时光。人们将充分设计室内结构，以便最大限度地减小空气污染和高温给休闲活动带来的危害。如果地球温度骤升，人们将可能转移到地下，永远生活在黑暗中、阴影下和空调环境内。

1.4.4 如果自由主义言论盛行怎么办？

很多时候，政府并没有很好地服务大众。假设在接下来的数十年，政府的规模减小，功能衰退，根据迈克尔·瓦萨尔所言，则可能会出现一个盛行自由主义言论的未来：

> 在未来五年里，大约有59亿人拥有自己的手机，有人会编程，有人要售卖，全球将是一个自由的市场。你可以用手提电脑在任何地方工作，与任何人交谈。你可以通过无人机接收到全世界任何地方的信息，你也可以用比特币购买这项服务。电脑软件无处不在，价格也大幅下降。你不用花太多钱就可以活得像国王。你的工作很有可能被程序或机器人取代。有钱人享受定制的奢侈服务，率先尝试新体验，但这也不足为奇。不平等现象越来越多，但是人们已习以为常。顾客和居民会掌握大量信息，人们对知情权、责任感和选择权的要求越来越高。

这种情况该如何实现？若没有政府，人们能很好地生活吗？谁来建造和维护公路？B型企业（共益企业）是否可以通过创造社会福利（例如建造高速公路系统）而获得盈利？拥有更好知情权的公众将会重塑和制约政府，使每个人都更独立。在这样一个社会里，休闲将会不断被个人和团体通过社会媒体改造。运动和旅游变得个性化，人们在能源使用方面将更加自由，对国家与政府的依赖也会减少。休闲也不会再被政府管制。毒品、性、酒精、社会习俗和宗教信仰将在很大程度上取决于个人。将私人财产投入于休闲也完全出于个人喜好。而这个系统的实现将更多地依靠个人的聪明才智和道德情操。

虽然休闲、旅游和体育的未来难以预测，但毫无疑问，一定与过去不同。而且变革的速度将极其迅猛，休闲将成为人们幸福感形成的关键因素。它将塑造环境并增进人们的生活情趣。

1.4.5 生活将会以休闲为中心吗？

本书的目的更多的是提出问题，而不是给出答案。而最大的问题是：未来生活的中心是休闲而不是工作吗？

很多学者提出过这种可能性。1960年查尔斯·布莱比尔认为休闲应该变成生活中很重要的一部分。在19世纪20年代，休闲普及程度越来越高，不得不引起人们的关注，1926年乔治·卡顿就曾把它当作一种威胁。很多人也认同大部分的工作将被机器或计算机等所取代。这些言论与古代哲学家的说法不同，古代哲学家认为休闲比工作更有序，是幸福生活的基础。在这些先哲的诸多理论中，休闲虽然极其重要，但是关于谁能享受它的问题也制约着休闲的发展。在很多情况下，休闲被认为对普通人来说是一种浪费，因为他们需要的"娱乐"本就不多，却又不能利用休闲来更好地服务于工作。

纵观历史，休闲通常属于极少数人的特权，比如画家、诗人、牧师、教授和企业家等这些高贵、富有、受到良好教育和视休闲为合理职业的人。而且当时大多数休闲只是男人的专利。所以对当时的很多人来说，休闲与他们的生活无关。

长久以来，生存的需要使工作成为生活的中心。尽管有些地区工作时间不长，但是人们都承认工作的重要性，它是生存的必要条件。如今很多这些必要的工作都被智能机器或太阳能所取代，如太阳能房屋、汽车、公路等。人们工作中的保护、循环和应用等很多环节都依赖电脑，这会极大地改变我们的日常生活。

工作并不总是社会规划的中心，工业革命推动其地位上升。人们的生活开始以工作为中心，工厂劳动尤其如此。

工业化生产的变革导致农民的休闲习惯难以维持，因为他们成了工人阶层。新工作模式的形成、资本主义的出现、城市环境的变化，都随着工厂生产系统的出现而产生，进而淘汰了人们原来的生活和休闲方式。工厂系统摧毁了农民的生活文化。反之亦然。农民喜欢慢节奏、无压力的生活，平时喝点小酒，兴趣来了就工作一会儿，他们认为生理上的满足比思想上的愉悦更重要。当他们变成工人阶层后，这些情况不得不改变。雇主和上进的雇员们都认为只有改变了休闲习惯，工业化才能顺利发展。很多人，包括《艰难时事》的作者、英国小说家查尔斯·狄更斯都认为，唯有休闲才能重塑人的身心，以助人更好地工作。到了19世纪30年代，改革者发现新的工作模式已经剥夺了很多人表达宗教信仰、家庭观念和自我价值的机会。

同时，改革者们也承认在迅速发展的商业经济中，休闲是彰显个人价值的最好方式。它表现了：自我控制、家庭观念和个人体面。
——克罗斯《1600年以来的休闲社会史》
(*A Social History of Leisure since* 1600, 1990)

商业经济发展使工作成为生活的中心，工人们根据工厂铃声上下班，工作变得非常有价值，人们认为工作是通过辛苦劳作来净化身心，正如拉丁语谚语"工作即是祈祷"（laborare est orare）所表达的一样，人们通过工作可以践行圣典和圣人的教诲，就像工作可以使人克服严寒、饥饿和其他逆境，最终获得幸福，而休闲却不一定能办到。但是试想一下，如果人们有了过多的食物、能源、衣物、电子设备和交通工具该怎么办？如果能力超过了需求该怎么办？如果人们不再需要有偿的工作该怎么办？

社会如何重组？如果有偿劳动的需求急剧下降，那资本主义的意义何在？人类生存的目的和价值将是更重要、同时也是最基础的问题。如果人们可以相对自由地做他们想做的事，那么休闲即使不是一件人人都喜欢的事，它也应该象征着人类进步的方向。

第 2 章 人口学问题

2.1 快速增长的消费人群

关于象棋在古代是如何被发明的这一问题，其中一个版本是——国王询问发明者需要什么奖励，该发明者只简单地回复道："我只需要您在象棋棋盘的第一个方格放一粒米，第二格放两粒，第三格四粒……以此类推。"象棋棋盘上共有 64 个方格。国王心想：小事一桩！但事实远非如此简单。要想实现发明者的这一"小小心愿"，国王得摆出 18446744073709551615 粒米来，而这些米粒的重量高达 461168602000 吨，堆起来比珠穆朗玛峰还要大！

从某种意义上说，人类像极了棋盘上摆放的米粒，数量正成倍增加。我们的生存空间并没有扩大，人口的增长速度却越来越快。从历史角度来看，如果动物的种群数量短时间内急剧上升，那随之而来的往往是大面积的死亡。因此，正如 2014 年米尔金所说，人类的繁衍问题，有得又有失。人口增长所带来的影响会伴随你我一生。

在继续阅读本书之前，请先花 1 分钟时间观察世界人口钟[2]，看看钟上的数字是怎么滚动的？截至 2014 年 12 月，2014 年出生的新生儿数超 1.3 亿，这一增量比日本或墨西哥的总人口还要多。2011 年，世界人口突破 70 亿大关，这具有里程碑式意义。2014 年全球有 72 亿人口，预计未来一段时间内将增加约 10 亿，到 2025 年飙升至 81 亿人。照这个增长速度，预估未来全球人口将达到 100 亿甚至更多。

新生人口数量增多，人们的生活开支加大，这给我们的生存环境造成了深远的影响，而这些道理，人口时钟上转动着的数字并不会告诉我们。相对于世界绝对人口而言，中产阶级的增长问题可能更值得我们关注。这些崛起的中产阶级可能出现在一些让人意想不到的地区。例如，根据 2012 年世界银行发布的信息，长期以来，拉丁美洲和加勒比地区的贫富悬殊问题十分显著，在过去10 年，这两个地区的中产阶级人数较之前上升了 50 个百分点，经济学家们都将这一进步称为历史性成就。麦肯锡全球研究所数据表明：截至 2000 年，中国步入中产阶级行列的城镇居民仅占 4 个百分点；但到 2012 年，城镇地区人口中的中产阶级人口比例就占到了 2/3；预估到 2022 年，6.3 亿中国人（占全国城市人口的75%)将被列入中产阶级行列。增长的这数千百万人必然会增加全球消耗量,如果不及时对现有的生产、循环回收、能耗及生活方式进行革新,这将会对自然环境产生深刻的影响。

皮尤研究中心研究员帕塞尔和科恩在2008年开展的人口调查项目显示,如果人口按照当前速度发展下去,那么美国人口结构将在21世纪中叶发生重大变化。到2050年,美国总人口将从2005年的2.96亿增至4.38亿,其中,82%的人口增长来自移民及其后代。受到新移民浪潮的影响,在此期间增加的1.17亿人口中,有6700万人将是首批移民人群,还有4700万是他们的孩子,剩下的300万则是他们的孙子或孙女。

皮尤研究中心的这个项目还预测,到2050年,近1/5的美国籍婴儿(占美国总人口的19%)将在国外出生,较2005年的数据(12%)提高了7个百分点;同时这一数据还超过1890年的14.8%和1910年的14.7%——均为历史上移民人口在美国总人口中所占比的巅峰值。到2050年,美国境内的种族结构也会有所不同。例如,到2050年,非西班牙裔白人占美国总人口的比例将从2005年的67%降至47%;西班牙裔人口将从2005年的14%上升到29%;黑人人口变化不大,和2005年相约,基本维持在13%左右;亚洲人口将从2005年的5%上升到9%以上。而这些数据也只有在混血儿数量快速增加、种族观念日渐衰微的条件下才可能达到平衡。

预计移民将成为未来半个世纪美国人口增长的主要推动力,但值得注意的是,未来移民政策的调整和其他事件都可能极大改变预估的总人数。根据过去半个世纪的人口发展趋势,可以预估出未来人口总数。在此期间,经合法及非法移民手段来到美国的人在美国人口增长中所占比重越来越大。从1960年到2005年,新移民及其在美国出生的后裔占美国人口增长总数的51%。到了该阶段后期,即从1980年到2005年,6800万新增人口中新移民占到了58%。正如上文所言,在2005年至2050年期间,在新增人口中,新移民及其后代可能就会占到82%。

帕塞尔和科恩的研究还指出,近年来,移民人数大幅度增长,人口出生率却有所下降,两者形成鲜明对比。自20世纪50年代末以来,美国每位妇女的平均生育数量明显下降,从当时的3.5人下降到现在的2人。此外,与前几十年相比,目前适育年龄的女性所占比例也有所缩小。如此一来,移民便成了美国人口增长的一大关键动力。

2.1.1 对休闲、旅游与体育的潜在影响

一般来说,旅游和体育运动这类以消费者为中心的休闲方式很花钱。但

是，我们还是能找到成本更低甚至是完全免费的替代性休闲活动。然而，如果旅行或运动的方式不一样，相应的成本也会增加，例如随着地区人口不断增加、人口密度加大，网球馆供不应求，体育赛事门票上涨等。同时，高素质人群参与的休闲活动往往更加多元化。随着教育水平的提高，人们开始关注休闲资源。据1976年马康纳所说，几乎任何地点都可以变成一个旅游景点，但真正的旅游景点并不需要游客，其数量更不能像急剧扩大的旅游需求那样快速增加。世界上只有一个科罗拉多大峡谷，像中国的万里长城、秘鲁的马丘比丘古城、瑞士的阿尔卑斯山、巴黎埃菲尔铁塔等等，都是世上绝无仅有的景观。在未来，人们对这类景点的需求可能会持续扩大。

同样地，如果纽约市人数上涨了40%，那么想去看纽约尼克斯队比赛的人数也会随之增加。相应地，麦迪逊广场花园的规模可能会扩大40%，同时，门票价格会因为需求的增加而上调。正如在许多发展中国家的城市，随着人口密度的增加和游泳需求的扩大，现有游泳池变得更拥挤，私人游泳池的价格也因此上涨了不少。

一般来说，喜欢旅游和体育的人或运动员在参与休闲活动时，消耗了大自然中的各种资源，他们应该为其行为买单（可不能像搭便车一样不出钱）。例如，在前期整理高尔夫球场草坪时，化肥和除草剂是必不可少的，高尔夫球手在球场里进行休闲活动时，也会消耗大量的水；人们乘坐飞机从加拿大出发，飞往澳大利亚度假，在途中飞机会排放数吨颗粒物和二氧化碳。

2.2　承载力及人群拥挤管理

随着城市化进程的推进，世界人口急剧增加，人口密度与日俱增，管理过度拥挤的人群和了解地球的承载力，成为休闲、旅游和体育服务所要面临的核心挑战。

> 2012年10月初，正值中国的旅游黄金周。我们想去杭州西湖，当地大学的一些博士生是我们此次西湖之旅的导游。可没想到的是，出了公寓，门外的出租车司机却拒绝载我们到西湖，因为单靠车费他根本赚不了一分钱。国庆假期期间，西湖人满为患，难免会影响到游客的体验感，到访游客数量也可能已经超过西湖景区的承载量。
>
> ——杰弗瑞

在西方的休闲规划中，承载力（carrying capacity）指可承受的、可持续发展能力的最高极限。在中国、印度、美国或其他地方，就休闲而言，限制汽车的数量与控制人口增长一样重要，甚至可以说刻不容缓。

目前，许多研究者对"承载力"一词仍持怀疑态度。爱德华和福尔在 2013 年的一项研究中指出该词表达不够明确，意义不大："承载力往往被定义为，尽管几乎所有影响人口的限制性因素在不断地变化，环境却始终能保持在一个稳定的状态。"也就是说，自然、技术和文化都以不可预测的方式向前发展，这样一来，环境的承受能力就更难以精准把握。

承载力因地而异。爱德华和福尔发现，以海滩为例，它对人口影响的限制性因素无时无刻不在发生变化。例如，就休闲性而言，相比于海滩的总面积这一硬性条件，海滩的地形、出入口的位置、停车位或是访客对海滩的看法等因素更为重要。但是正如 1987 年韦斯托弗、柯林斯所指出的那样，由于海滩上各个区域资源的分布不一样，用同一个标准去衡量整个海滩这种做法显然是不合适的。多项调查研究发现，源源不断的造访者是一个足球场、一座山、一个茶馆或者一片湖能持续进行旅游或休闲开发的基础。尽管国家制定了一些指导性意见，但所有的措施必须因地制宜。

承载力不是一成不变的，因为我们可以指导游客降低自身行为对场地的影响，因此不仅在场地的设计方面会将这种影响最小化，而且休闲或旅游活动的参与者也会被告知什么行为是对环境友好的。此外，居住在景区附近的人也应该接受同样的指导。例如，2012 年在中国台湾西南沿海地区台江公园的一项研究中，阿莉安娜等研究者发现，游客对生态旅游的了解越多，他们的行为就越符合生态旅游标准。人们可以学习一些行为规范，尽量减少他们对游泳池、竹林或体育场馆所造成的影响。模范行为可以被展示并广而告之，同时积极的行为还可以获得奖励。还可以向参观者解释为什么塑料水瓶、相机和手机电池等物品的回收，对人类的福祉很重要。在休闲环境中，对承载力的解释的主要问题在于，它通常假设参与者的行为方式是固定的，一时不会改变。其实，在政策、法律的约束下，可以通过教育来积极地引导人们的行为方式，而且这种训练在各行各业都适用。

休闲场地的布局也可以提前规划，并在原有基础上进行调整，如增强场地承载力，或是将场地对环境的破坏力降至最低。例如，哥斯达黎加的人行桥建立在热带雨林地面之上，游客们可以从桥上经过；与之不同的是，在其他的热带雨林地区，要在雨林中漫游，人们得靠步行或乘坐机动车辆，相比之下，哥斯达黎加雨林的承载力远大于后者。同样，如果游客在景区很容易就能找到干净又方便的洗手间，那随地大小便的人也会越来越少。

2.2.1　拥挤：一个复杂的话题

多少人才算多？专家们可能会说：拥挤这个问题很复杂，得视具体情况而定。大量研究表明：特定区域内老鼠的数量越多，反社会行为也随之增多。然而，拥挤所产生的结果也是复杂的。首先，这取决于它发生在哪里——是在私人住宅，还是在当地社区？是在高速公路上，还是在休闲场所？其次，环境设计也很重要。例如一家酒店客房之间的那面墙比较单薄，房间里的人就能听到隔壁房客的声音；如果酒店在两墙之间有隔音设计，即使所有房间都客满，也不会给人一种拥挤的感觉。世界上很多地方的人口密度都很高，如何解决拥挤问题是休闲业面临的一大艰巨任务。

> 几年前，我们去中国的一所少林功夫学院参观，学校里的学生个个身怀绝技，着实令我们惊讶。他们爬上三层绳索织成的墙，在上面展示精湛的杂技和武术表演。大量的车停在学校里或校外临时停车场中，导致学校周边很大范围内都停满了车。此次武术学校之行让人记忆深刻。一位朋友告诉我，学生们会在特定的日子为外国人和远道而来的游客表演，有时也会为住在学校附近的居民演出。此前，我并不喜欢控制人流这一做法，但后来我对此作了更多思考。减少拥挤的方法有很多，控制人流应该是其中有效的方法之一。
>
> ——杰弗瑞

其他的解决方法还包括用手机向游客提供更好的实时信息。解决人口密集问题需要随时调整，如在游客数量达到一定水平后将休闲区关闭，不再对外开放；对外国和中国游客错开参观时间；要求人们在进入游览区参观之前进行登记……以此来控制在场时间。即使在美国，这些问题也同样存在。一些国家公园的游客太多，以至于出现了雾霾困扰和交通堵塞的问题。为了减少这些问题，人们采取了许多措施，其中包括参观公园要求提前登记预约。

承载力指在不损害或破坏资源的情况下环境所能容纳的人数，虽然它很难衡量，但我们还是得尝试去做。与承载力不同，拥挤更多地涉及文化问题。在巴西时，我来到一个巨大的游泳池，看到数百人站在水里。起初，我以为他们不会游泳，但事实是，他们中的大多数人根本没有足够的空间游泳。杰弗瑞的一些研究表明，在城市泳池里游泳的人不会觉得拥挤，而在郊区，即使是在人均使用面积相同的情况下，人们也会感觉泳池很拥挤。还有一个问题就是：人们能在泳池内待多久呢？如果有两种方案，一种是人们自由游泳的时间变短，例如只有半小时；另一种是游泳池内拥挤不堪，谁都没法游。倘若这两种方案二选一，那么半小时的游泳计划可能会更好、更舒适。因此，如何应对拥挤和承载力是许多休闲空间管理者们所面临的首要挑战。在未来几十年里，这些将成为最大的问题。

20世纪80年代和90年代初，我组织几个家庭和朋友去旅行，参观英国乡村的豪宅、护城河庄园、残破的教堂、出售牲口的集镇、古老的墓地（经常有羊在附近游荡），当然，还有莎士比亚时期的英国花园和政府旧址，这些都是英格兰对人类文明的标志性贡献。旅途中大多数行程都安排在萨塞克斯和肯特。在那儿，我经历了一生中最难忘的瞬间，被精心保护的历史遗迹随处可见。尽管英国领土面积小，但人口却不少。总的来说，政府和各种非营利组织在保护未经开发的土地方面做了大量工作，特别是在那些被确认为"著名自然风景区"的地方。同时，政府规定：只要步行者不偏离道路，遵守相关法规，不乱扔垃圾，不破坏室外环境，那么步行者在所有的私人土地上行走都是合法的。

我们游览了许多好地方，其中，我先后带了两组朋友去参观西辛赫斯特城堡花园——一个大家都喜欢的景点。这座花园是由哈罗德·尼科尔森和维塔·萨克维尔·韦斯特设计，他们俩在一座破败不堪的中世纪小城堡的墙壁上涂上不同的色彩、画上各式各样的图案，如梦如幻。尼科尔森把花园设计成一系列的"房间"，维塔则在每一个房间里布置上各自的主题和图案。例如，一个白色花园里的每一棵植物都是白色或银色的。漫步在这个梦幻、安静的地方，欣赏布满铁线莲的墙壁、果园、为护城河供水的小溪，真是美妙极了。我们坐在精心布置的长椅上，沉醉于此地的美丽和宁静。

所以，当我第三次带队来到英国旅行时，行程表上必不可少地安排了西辛赫斯特城堡花园。我和同行的人分享了以往旅行中的难忘经历，内心期待着另一次绝佳体验。但我们到达时，发现进不了停车场，那里挤满了大客车和小汽车。我们好不容易找到了一个停车场。我朝售票处走去，结果沮丧地发现大约有100多人在那儿排着队！在售票处，我了解到当地引进了一套定时售票系统。显然，在我没来的这段时间里，西辛赫斯特城堡花园做了大量宣传，以至于花园的名气太大，参观者太多，停车场都快承受不住了。花园面积不大，数百名游客在花园里到处走动，肆意闲聊，要想体验一番我曾获得的宁静美妙的感受，看来是不可能了。和我一起来旅行的人耐心地等待着，享受着这分配给我们的2小时体验时间。尽管园内有一些行为粗鲁的游客，但该花园设计的精美、植物种类的多样，以及当地风景的怡人仍令人赞叹。

我尽量不去做无谓的比较，但这一次的游历让我的心充满了失落感，从那以后，我再也没有去过那里。对我来说，最好是去一个鲜为人知的花园，一个至少让我和我的朋友都可以尽情享受美好和恬静的花园。在那里我们可以自由呼吸、放松自我、平心静气地欣赏大自然和人类的创造之美。

我们都需要考虑，在休闲活动中，我们到底想获得什么？去过英国西辛赫斯特城堡花园之后，这段经历使我在学习旅游管理经验的同时还认识了我自己。伟大的英国画家约翰·康斯特布尔说，他的美学目标是为观众提供一种"怦然心动、宁静致远"的感觉。我意识到：旅行使人兴奋，同时，我也必须找到安静自在的感觉。

——盖伦

2.2.2 控制拥挤的措施

控制拥挤的方法很多，但人们需要降低对理想休闲活动的期待值。然而，在某些情况下，如果拥挤不受控制，自然环境必会受到损害（例如参观森林人数过多），或者存在安全隐患（如果一个舞蹈俱乐部拥挤不堪，那么发生火灾时谁都难以逃生），或者旅游体验感受损（例如泳池里挤满了人，大家都没法儿游泳）。休闲活动中，人们采取了许多手段来控制拥挤的人群。2014年戈德比和宋瑞以公共游泳池为例，指出他们管控拥挤人群的手段有：

• 提前预约登记。只有提前预约好游泳时间，人们才能进入泳池。泳池内人数达到一定数量后会停止对外开放。池内下水人数达到100人时，岸上的人必须等待有人离开后才能下水游泳。

• 缩短下水游泳时间。第一批客人下水游半小时后全部离开，第二批顾客进入泳池。按规定，当地居民只能在每周一、周三、周六或每天下午4：00后才能来游泳。

• 设计休闲场地。避免顾客们都拥挤在同一片区域。在大型泳池旁边建一个专为小朋友或年长者使用的小型浅水池。

• 错峰休假时间。将不同人群一年中的休假时间分散开来，这样一来，即使在假期里，泳池也不会人满为患。

• 限制或禁止汽车进入。如果泳池附近没有停车位，拥挤程度可能会降低。对在非高峰期来游泳的客人给予经济上的奖励。比如清晨很少有人去游泳池，这一时段可以提供免费入场券。

- 延长营业时间。将游泳池开放的时间控制在 20 小时/天。把游泳池预留给那些愿意一周多次支付更高费用的人,确保泳池内的人数不多于 30 人。

包括上述措施在内的许多对策已被用来控制拥挤度,提高可持续性。但所有这些措施都只是一种折中方案,在很多情况下,它们可能起不了什么作用。因此我们需要不断尝试,才能找到行之有效的控制手段。

2.2.3 为什么拥挤不一定会毁掉休闲活动呢?

拥挤和冲突并不总会破坏休闲体验。许多中国人(和外国人)在处理拥挤问题上都很灵活,他们尝试着妥善处理这个问题。1996 年萨瑟兰、库珀提出,"应对"一词指人的一种行为,"凡是能够减轻压力并使人在处理状况时不会觉得压力过大的行为,都被称为'应对'。这种行为或是精心策划,或是随意为之"。应对行为包括以下两种:

- 替代选择。一些人对休闲活动不满意,所以换去一个相对不那么拥挤的地方旅游放松,或在休闲场所没那么拥挤的时候再来。这些人将会被那些对场地拥挤程度不那么挑剔或更宽容的人所取代。
- 合理化。休闲活动是人们自愿进行的,需要花费时间、金钱和精力。所以有些人会对其体验进行合理化安排,不管拥挤与否都会表现出较高的满意度。1957 年费斯汀格指出,这种行为可以从认知失调论(the theory of cognitive dissonance)中找到根源,该理论认为人们会对其想法进行排序,以降低不协调感和相关压力。

当我和朋友去中国一家以物美价廉著称的饭店用餐时,我清楚地看到所有这些应对行为。在餐厅外面有一个等候区,我和朋友们一起坐在那里看到又来了许多顾客,他们在服务员那里登记名字并拿号。有些人来到这里时往里面瞥几眼,看到座无虚席,还能闻到阵阵香味,然后告诉他们的朋友,饭店的火爆程度远超过他们的想象,一个人气高的地方就是这样,人满为患,但值得等待。有些人也愿意等,并与同伴讨论其优劣之处——物美价廉,但很难享用。还有一些人会来,即使他们已经取号排队,但环顾四周后觉得人太多,还是离开了。

2.2.4 观察他人——休闲体验的一部分

宾夕法尼亚州立大学的一个足球场大约可容纳 10.5 万人,场内座位很少,坐起来也不是很舒服,但往往座无虚席。当人们在啦啦队长的带领下为他们支持的球队欢呼时,声音响彻全场,欢呼声回荡在整个体育场上空,体育场似乎因欢呼声而震颤。许多去现场看过球赛的人都对这个独特体验作了一番评论。拥挤本身就是休闲体验的一部分。在许多休闲活动中，人们希望能遇到各式各样的人。"座无虚席"对足球比赛、音乐表演等活动很重要。旅游和很多休闲活动的一个重要部分就是人们在互相观察——人们之间有着强烈的吸引力，他们好奇地关注着其他人，并讨论一些八卦的话题。我们仔细观察就会发现，很多旅游活动就是去看人的，而旅游景点本身倒成其次。在许多旅游景点，人们你看看我，我看看你，各自拍拍照，观察孩子的一举一动，瞄一瞄外国人，或者用不同方式观察他人。如果这个旅游目的地不那么拥挤，那么通行会更快捷，也更容易买到纪念品，但是人与人相互间的吸引力可能也不复存在。当然，游客人数太多确实会影响休闲和旅游活动，破坏了活动的体验感和旅游景点本身。然而，不可否认，拥挤的人群有时就是乐趣体验的一部分。

  几年前，我和同事去印度出差。我们在印度一个假日的早上到达目的地孟买，比开会时间提早了一天。于是，我们决定去参观一两个当地著名的景点。出发前，我们询问了酒店服务人员，看他们能不能给我们一些建议，这时其中两位异口同声说道："珠湖海滩！"

  我们住的酒店离珠湖海滩仅 2 英里（约 3.22 千米）远，订好车后，我们就出发了。但是由于印度的交通秩序监管不严、杂乱无章，司机开得很慢，因此，这么短的一段路程，我们花了 1 小时 45 分钟才到。对此，大家也习以为常。下车后，我们看到大量的游客形成了一堵人墙，他们都兴高采烈。人实在太多了，我们很难穿过去。于是，我们一边仔细地打量来来往往的人群，一边一点点地挤进去。从海滩外围一直挪到海边，到处都是人。之前来印度旅游的时候我就已经见识过印度的拥挤，我的块头比较大，我知道在人群中千万不能动作太快或猛然回头，因为大部分印度人的头才到我的手肘。如果我猛地一回头，一些人可能被撞倒在地。不过我的高个子使我能够轻松地观察嬉戏的人群。很多人在海水中尽情玩耍，夕阳的余晖映衬着每一个人的轮廓。但是人们身上都穿着衣服，因为不管是印度教徒还是穆斯林，他们在着装上都非常保守，不会在陌生人面前露出肌肤。

  我的身高在进场时帮了不少忙。我的身高、相对壮硕的体格（与西方人相比，印度男人身型较小），一头金发和白皮肤使我成为乞丐眼中的"香饽饽"，那些对我好奇的人也都围了过来。几个小朋友问我能不能摸摸我的头发；还有个人问我有多重，我回答说："我自己也不是很清楚。"他说："来吧，咱们必须得会一会桑德普！"我跟在后面，慢慢地从人群中走过，直到我们遇到一群正在排队称体重的人。做这个生意的正是桑德普。他是个八岁左右的男孩,和他的同龄搭档一起带来了一个体重秤。对一些人来说,这绝对是他们生命中第一次在海滩上称体重。两个孩子向每人收取2卢比,但桑德普装出一副严肃老成的样子,要求我付5卢比,原因是我块头太大了!他要价这么高,吓了我一跳。但我感觉,站在我面前的是一个未来的企业家。

……我记得珠湖海滩,记得那些彬彬有礼、尽情享乐的人群,还记得那火球般的太阳落在海平线上的景象,那是我从未见过的美景。更重要的是,我记得当我按桑德普的要求给了他5卢比时,他有点惊讶,却又露出十分满意的微笑。

——盖伦

总而言之,人口拥挤和环境承载力在很大程度上算是同一个问题。两者均能从不同角度影响并塑造休闲体验,这里既包括社会因素,又有环境因素。现如今,世界上不少地区的车辆数量都快赶上人口数量,这都是人们眼中的拥挤。所有关于拥挤的解决方案都体现了折中化、设计管理智能化以及未来化的特性。

2.3 贫困国家人口增长迅速

关于人口将大幅度增长的问题,目前有以下两个观点:

第一,几乎所有的人口增量都来自最不发达的国家,即世界上最落后的国家。这些国家往往政治形势堪忧,秩序不稳定且武装冲突频发。2015年联合国经济和社会事务部人口司(United Nations Department of Economic and Social Affairs, Population Division,后文简作"UN DESA,PD")指出,非洲大陆、印度、印度尼西亚和菲律宾为人口增量做了主要贡献。因此,到21世纪中叶,尼日利亚人口可能超过美国,这也不足为奇。

然而,发展中国家之间的差距仍然很大(实际上,"发达国家"这一概念早已过时。每个国家都在向前发展,全球气候变化也使所有国家都处在"发展中")。在最不发达国家,目前总和生育率为5.2(即平均每位女性在育龄期生育5.2个孩子),特别是在东非、西非和中非,总和生育率仍高于5.5。与此同时,在中南亚洲、南美洲和加勒比地区,目前只有2.5乃至更低。UN DESA,PD指出,据估计,在18个发展中国家中,总和生育率低于生育更替水平。

欠发达地区的总和生育率预计将从目前的2.9下降到2025—2030年的2.4

和 2045—2050 年的 2.2，略高于生育更替水平，而较发达地区的总和生育率预计将从目前的 1.5 分别上升到 1.7 和 1.9。UN DESA，PD 指出，最不发达国家的总和生育率在 2045—2050 年可能达到 2.5，低于 2000—2005 年的 5.2 和 2025—2030 年的 3.6。因此，在未来几十年里，贫穷国家可能为全球带来最多的人口增量。

第二，世界上大部分的人口增长来自计划外生育。计划外出生的新生人口占世界新生儿总数的一半。在美国，意外怀孕率约为 40%。因此缺乏生育控制手段仍然是一个关键问题。许多国家大男子主义盛行，在这些国家，拥有众多孩子的父亲会被视为成功男性。但是有时，在没有政府干预的情况下，出生率也可能发生显著变化，例如，UN DESA，PD 在 2015 年所指出，伊朗的出生率从大约 8 骤降至 1.7，远低于生育更替水平。

随着世界人口的激增，计划生育问题变得尤为重要。在某些问题上，一些未来主义者认为许多政府部门可以控制生育权，例如中国政府就曾对生育问题加以管理。

有两个措施或许可以控制许多贫穷国家的人口增长，即终止贫穷和结束妇女的不平等地位。这两项工作都是世界所面临的重大挑战。但更深层次的问题是，终止贫困往往会增加消耗量，进而从根本上危害自然环境。因此，第三个工作就是要尽量减少高消费带来的不利影响。

2.3.1　对休闲、旅游与体育的潜在影响

贫困国家使世界人口大量增长，因此主要问题是，这些人是否会在休闲、旅游和体育等方面重蹈现代国家的覆辙。历史进程的加快意味着他们将略过中间步骤，直接跳跃式发展到当代社会模式。妇女将会有越来越多的机会参与体育、旅游和休闲活动。休闲活动日趋多样化和复杂化，旅游业的数量和质量都在增加或改进。然而，与这种情况相反的是，这些国家的人民可能需要一个世纪左右的时间来适应休闲活动，而更复杂的、技能型和学习型休闲运动的发展也可能会滞后。

2.4　全球老龄化

大多数的野生动物都不能活到成年，一个世纪前，人也是如此。18 世纪的一些英国父母会给两个孩子起同样的名字，因为他们当中可能有一个会夭折。社会保障最初出现在德国，紧接着美国也开始实行，并规定年龄达到 65

岁的居民可以领取社会保障金，因为 65 岁是当时的平均预期寿命。在许多发展中国家，活到 40 岁就算长寿了。然而，这一切早已改变！世界上的老龄人口数量正在急剧增加，社会的方方面面也随之发生变化。

随着预期寿命延长和出生率降低，世界上大多数地区人口的年龄结构已经发生改变，影响着年轻和老年群体。在过去的半个世纪里，全球的总生育率从 5.0 降到 2.7，下降了将近一半。UN DESA，PD 指出，在接下来的半个世纪，预计全球总生育率将降至 2.1。

20 世纪总生育率持续下降，导致较发达地区的平均生育率已从 1950—1955 年的低水平 2.8 降至 2000—2005 年的极低水平 1.5。目前，几乎所有工业化国家的总生育率都要低于人口更替水平。UN DESA，PD 指出，在这些国家中，有 19 个国家的生育率低于 1.3。

欠发达地区的生育率明显下降的情况发生在 20 世纪的后三十年。UN DESA，PD 在 2015 年指出，在过去的 50 年里，这些地区总和生育率的下降比率高于 60%，从 1950—1955 年的 6.2 下降到 2000—2005 年的 2.9。

世界人口老龄化加剧。各国人口老龄化程度迅速攀升，60 岁或 60 岁以上的人口增长所占比重最大。在发达国家，老年人的数量比儿童多，全国近 1/4 都是老年人（日本人拥有世界上最长的寿命，在日本，成人尿布的销量比婴幼儿尿布销量更高）。预计发达国家的居民可以活到 77 岁，而发展中国家的居民则是 67 岁。

到 2030 年，大约 1/5 的美国人将年满 65 岁或超过 65 岁。在接下来的半个世纪里，"最长寿老人"（85 岁及以上的老人）的数量将变成原来的 3 倍，达到 1820 万人，占美国总人口的 4%。接下来的 25 年里，预计在较发达地区，新生儿的人均预期寿命将达到 80 岁，在较不发达地区则达到 71 岁。按照目前的死亡率来说，世界上每 4 个新生儿中，有 3 个能活到 60 岁；每 3 个新生儿中，有 1 个能活到 80 岁。UN DESA，PD 在 2015 年指出，据估计，如果以 2045—2050 年期间的预期死亡率来计算，那么每 8 名新生儿中约有 7 名能活过 60 岁，超过半数的人会活至 80 岁。

2.4.1　人口老龄化速度高于美国的其他国家

美国人口在未来 50 年的平均年龄数可能得加上 3.5 岁，但在世界上的其他地区，这个数字将大幅上升。例如在墨西哥，这个数字将增加 20。根据联合国统计的数据，到 2045 年，墨西哥的人口老龄化状况将比美国更严峻；到 2025 年和 2035 年，中国、泰国和越南将陆续加入这一行列。

人口快速老龄化给社会带来许多令人震惊的变化。例如，新当选的日本小姐是一位日本和非裔美国混血儿,她代表日本参加了一次全球选美活动。在日本,这种现象在之前绝对闻所未闻,因为日本人非常重视血统的纯正,但她却能赢得比赛,部分原因在于日本目前是世界上人口老龄化形势最为严峻的国家。1950 年,它是世界上年轻人口所占比重最多的国家之一,人口平均年龄是 22 岁;2013 年特拉法根指出,现在日本的人口平均年龄是 41 岁,到 2025 年将达到 50 岁。在日本,移民率和人口出生率都很低,二者加起来低于更替率的 1/3,而更替率是指社会用来填补已逝人口所需的新生儿数量。随着外来移民人数增加,日本人对"日本血统"这个概念有了更广泛的定义,因为现在拥有纯正日本血统的年轻人实在太少。同时日本人还双管齐下,致力于服务型机器人的开发工作。根据世界经济论坛 2015 年发布的信息,在未来 50 年,全球范围内男女预期寿命之间的差距将会加大,两者相差 4.8 年。除遗传之外,相较于男性,危及女性生命的风险性因素更少,女性寻求医疗帮助更容易,从事危险工作机会更少,在年老时也能更好地与社会保持联系。

  2015 年,世界经济论坛发布的信息显示,在较发达地区,目前女性寿命比男性长 7.4 年,预计在未来 50 年内,男女之间的寿命差距将逐渐下降至 6.1 年。预计到 21 世纪中叶,在性别差距明显缩小的欠发达地区,男女寿命差距将继续从目前的 3.2 年增加到 4.4 年。

  诚然,在沙特阿拉伯、印度等国家,重男轻女观念仍然盛行,这一现象也改变了这些国家的男女比例,但是这种情况正在改善,而且女性的数量也在逐步增加。

2.4.2 全球老龄化的利与弊

  任何关于世界人口急剧老龄化的评估都必须参考人口的相对健康条件、教育和财富状况。他们是否在变老之前就获得了财富?他们是否仍然健康?60 年来,他们是否一直呼吸着劣质的空气,一直吃着高度加工的食物,长期生活在战乱之中……以上种种都会从根本上影响衰老过程。良好的教育、健全的医疗保健、优质的食物和亲密的朋友等这些因素均能对未来的健康生活产生重要影响。

  尽管全球老龄化存在很多弊端,但是在老年群体相对健康和活跃的情况下,全球老龄化也存在着许多有利之处。老年人大多数是女性,几乎不涉及暴力犯罪(大多数暴力犯是 15 岁至 30 岁的男性);她们的情商和幸福感都很高。老年人已汲取许多人生智慧,例如他们过马路时,往往会向两边看,显得更加谨慎,会发自内心地主动帮助他人。而且,年长的人常常以不同于年轻时候的方式来互相了解对方,老年人经常帮助别人,更多地为他人考虑。

1. 老龄化可以缓和不可控的变化

因为"变化"一词意味着失去控制,而老龄人口比例有助于延缓这种变化。因为老年人会选择他们熟悉的、信赖的做事方式,比如在我常去的健身中心里,老年人会等着用他们已习惯的旧椭圆滑步机,而新的器材则无人问津。虽然这可能是好事也可能是坏事,但全球人口年龄偏大确实可能会减缓变化的速度。美国卫生与公众服务部、世界卫生组织在 2011 年发布的信息指出,在一些工业国家,老龄化人口还可能将排放标准降低 20%,原因在于老龄人口多与劳动力参与率低息息相关,随之而来的低生产力水平将导致经济增长水平低下。

2. 老年人会给予儿童更多支持

老年人会以一种有利于他们健康的方式与儿童建立联系。随着已婚夫妇生育率的降低,祖父母在抚养孩子方面可能扮演着更重要的角色。老年人也可能会在帮助无血缘关系的孩子方面发挥更大的作用。

3. 老龄化社会导致劳动力数量缩减及劳动力老龄化

大多数国家的劳动力都正迈入老龄化阶段,从而引发了一些变化。在很多情况下,即使外来移民暂时不被需要,但他们仍是新的劳动力储备资源。证券投资风险管理基金会(SIRM Foundation)在 2015 年指出,传统的劳动力工龄一般定在 15 岁至 64 岁,而现在这一数字有了全新的定义。一个国家的经济产量,即国内生产总值(GDP),指一个国家一年内生产的商品或提供服务的价值总量。由于劳动力平均每年减少约 1%,日本的经济衰退期可能历时 10 年甚至更长时间。在此期间,工人的实际收入可能会增加,但这不一定能弥补劳动力萎缩对 GDP 所产生的影响。如何留住年长员工,并根据他们的特点设计工作流程,成了至关重要的两项工作,这将促使人口从年轻群体较多的国家迁移到老年群体较多的国家,土耳其人移民到德国就是一个例子。

当然,先进机器人有可能在一定程度上缓解老龄化国家对工人的需求。有了机器人的帮助,老年人可能会有更多的闲暇时间。

4. 老龄化社会导致消费者数量减少

消费下降有如下几个原因:许多老年人已经购齐了他们所需的主要生活用品,比如房子或公寓;退休人员开支减少,而且通常在花销方面也更为谨慎;他们可能不太愿意尝试新产品,也没钱买。

5. 老年人不愿冒险或尝试新兴科技

相较于年轻人,老年人对科技的接受能力没那么强,也不像年轻人那样喜欢冒险。因此,国家经济衰退可能会使工人和消费者数量减少,且剩下一群创新能力差、教育程度低的年长工作者,这种种因素可能会造成经济不景气和不稳定。

6. 老龄化社会的医疗费用大幅增加

在大多数现代国家，老年人的医疗保健支出比其他人群高 5～10 倍。2011 年美国卫生与公众服务部、世界卫生组织指出，由于肥胖症盛行、关节置换手术等治疗手段的出现、核磁共振成像在诊断中的广泛应用以及人们对健康的要求提高，世界上许多地方的卫生保健成本可能会大幅增加，很多医疗保健项目也可能会实行定量配给。

7. 老龄化社会导致欧洲、日本的衰落

人口的现实状况将加速欧洲和日本的衰落。它们将承受持续的经济和财政危机，只有对社会制度进行重大调整才可能出现转机，例如实行养老金改革。同时，他们对机器人或外来移民将更加依赖。

2.4.3 对休闲、旅游与体育的潜在影响

2015 年诺瓦指出，全球老龄化将对休闲、旅游和体育运动产生深远影响，我们需要对多种休闲形式进行重组。例如，几乎所有的户外休闲娱乐供应商都需要考虑厕所、遮阳棚、长椅和饮用水的服务问题，扶手将成为标配，气温太高或太低都会导致人们的活动参与度更低。在旅游业方面，几乎所有的公共出行方式都需要重新规划，因为机场的建设没有专门考虑老年人的需求，包括火车和公共汽车也是如此。餐厅的食品也将会发生翻天覆地的变化，今天的快餐业可能会大量消失，过多脂肪、盐和糖是老年人的天敌，而新式饮食理念将充分考虑这些因素。这些不是短期的应对策略，而是永久性的改变。老年人不喜欢人多的地方，因为在人多的地方更容易出现犯罪现象，人也更容易抱怨。年轻人往往更能接受差劲的服务，而老年人却忍受不了。年轻人在满是垃圾的公园里可以玩得很开心，老年人却做不到。因此酒店和景点工作人员为老年人提供服务时必须更加耐心、体贴和周到。

在大多数国家，许多老年人并不会表现得"老态龙钟"，他们可能会约会、玩摇滚乐甚至攀登高山。老年人许多休闲行为的选择都是源于其文化意识里对"老"的理解。

> 在我写这本书的时候，我收到了一位 80 多岁的同事从疗养院写来的信。他告诉我他一年前交到了女朋友，他刚搬到楼上和她同住。她的房间大一些，而且他很享受跟着感觉走的状态。
>
> ——杰弗瑞

在过去，女性能做的非常有限。但是这种情况发生了巨大变化，尤其在休

闲方面。例如许多母亲和家庭主妇把绘画和做手工当作一种爱好，但如今，这不再只是爱好，当问到她们时，她们会自豪地回答："我是一个艺术家。"

老年人和日益富裕的人口将催生如约曼所说的"青春永驻的社会"，尽管社会中肥胖人口不断增多，但人们还是极其关注健康。医疗旅游如今日益盛行，它是一种将旅游出行和健康服务相结合的休闲活动。未来可能有很多八九十岁的老人，他们休闲出行的目的就是寻找世界上最出色的医生和医院来接受医疗服务，他们对酒店和旅行社也有很高的要求。约曼认为："旅游或将成为医疗保健的一个功能分支。"

人口老龄化同样会对体育运动带来巨大的影响。尽管许多运动被称为"终身运动"，但随着年龄的增长，人们对一些个人娱乐项目及网球、滑雪和水上娱乐活动等的需求会大幅下降。在健身和户外活动中，这种趋势并不明显。人们对健康和减肥的渴望将激励他们更多地锻炼身体。而闲暇活动和必要活动的界限将变得模糊，那些让人们感觉轻松自在的健身训练都会赚大钱。

尽管机器人和自动化技术的作用越来越大，老龄化对宏观经济的主要影响可能体现在劳动适龄人口减少，以致劳动力供应缩水。劳动适龄人口结构也将发生变化，各行业、部门和地区活力降低，工作再分配机会较少，这可能会影响劳动生产率，也会影响那些依赖劳动力供应和生产力的经济增长模式。此外，老年人储蓄率低，这可能对投资和资本积累产生负面影响，从而在更大程度上减缓经济增长。人口老龄化将增加公共服务的需求压力，因此提供医疗保健和长期护理服务显得尤为重要。从长远来看，养老金和医疗保健费用的增加将影响公共财政的可持续性。

图 2.1 显示，世界上 65 岁及以上人口的比例在 100 年内发生巨大变

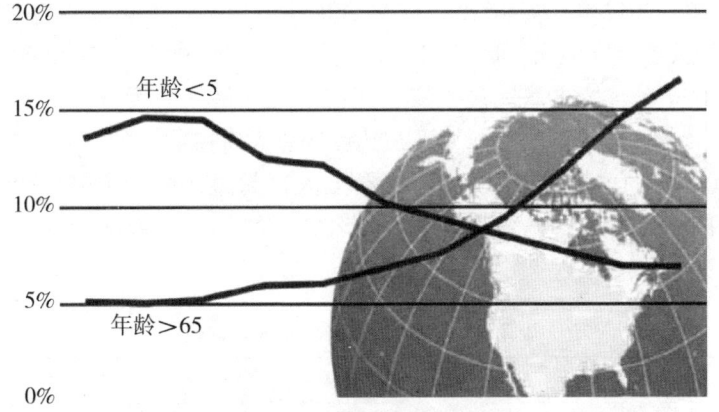

图 2.1　1950—2050 年幼儿和老年人占全球人口的百分比

化——从5%上升到17%，然而，5岁及以下的儿童数量急剧下滑。中国和印度人口约占世界总人口的40%，图2.2显示，两国人口老龄化进程正在加快。

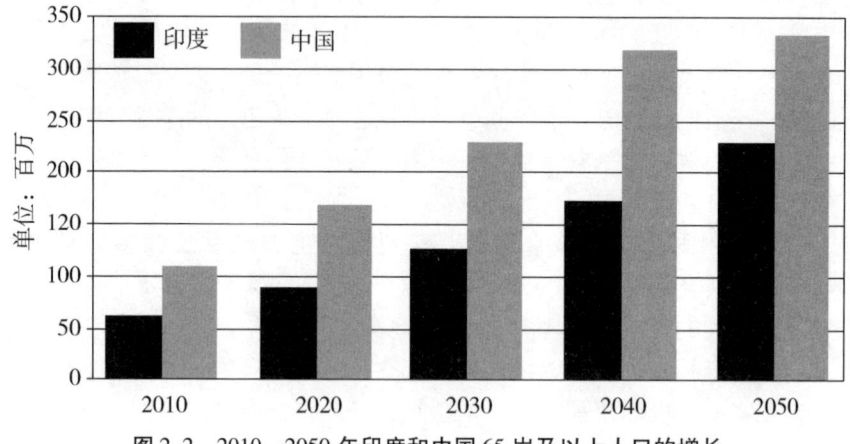

图2.2　2010—2050年印度和中国65岁及以上人口的增长

* 图2.1、图2.2来源于《世界人口展望》（2010年修订）。数据引自美国卫生与公众服务部、世界卫生组织：《全球健康与老龄化》，2011年。

2.5　全球城市化：人口密度渐增

联合国人口信息网在2014年发布的信息显示，世界人口迅速增长，几乎所有的预期人口增长都将出现在贫困国家的市区，这样一来，污染和流行病的风险将会提高。2010年的人口普查数据显示，城市人口达35亿，占世界总人口的50.5%。2012年波特指出，仅在200年前，人口主要集中在农村地区，只有3%的人生活在城市。联合国的调查显示，人口的天平在2008年出现了倾斜，在这一年，城市居民多于农村居民——这是人类历史上的第一次。到2050年，世界城市人口很可能与现在的世界总人口持平。

2012年UN DESA，PD指出，世界上人口超过1000万的特大城市有23个，到2025年可能会增加到37个。如表2.1所示，东京是世界上最大的城市，其人口达3720万。

表2.1　2011年特大城市人口数据

排序	城市	人口（万人）	所在地区
1	东京	3720	亚洲
2	德里	2270	亚洲

续表

排序	城市	人口（万人）	所在地区
3	墨西哥城	2040	拉丁美洲
4	纽约	2040	北美洲
5	上海	2020	亚洲
6	圣保罗	1990	拉丁美洲
7	孟买	1970	亚洲
8	北京	1560	亚洲
9	达卡	1540	亚洲
10	加尔各答	1440	亚洲
11	卡拉奇	1390	亚洲
12	布宜诺斯艾利斯	1350	拉丁美洲
13	洛杉矶	1340	北美洲
14	里约热内卢	1200	拉丁美洲
15	马尼拉	1190	亚洲
16	莫斯科	1160	亚洲
17	大阪	1150	亚洲
18	伊斯坦布尔	1130	欧洲
19	拉各斯	1120	非洲
20	开罗	1120	非洲
21	广州	1080	亚洲
22	深圳	1060	亚洲
23	巴黎	1060	欧洲

*数据来源于联合国经济和社会事务部人口司：《世界城市化展望》（2011年修订）。

2012年波特指出，这些大型新兴城市中的许多人可能生活在贫民窟。经世界卫生组织证实，21世纪影响健康的最重要问题来源于城市人口，特别是城市贫民窟人口的急剧增长。过度拥挤、缺乏安全用水、卫生系统不合格是导致城市贫困人口出现健康问题的主要因素。例如，40%以上的撒哈拉沙漠以南非洲的城市居民和南亚一半以上的城市居民，都无法享有公共卫生服务。

公共卫生条件差加上人口高度集中，导致贫民窟成为结核病、登革热、肺炎和霍乱等疾病的滋生地。贫民窟的水传播疾病或呼吸道疾病的感染率比农村地区更高。公共卫生设施不到位或饮用水不干净，导致亚洲、非洲和拉丁美洲近一半的城市居民患有至少一种疾病。

然而，尽管贫民窟条件恶劣，但人们宁愿住在那里也不愿搬回农村。每天靠1美金过活的人中，城市居民仅占25%，其余都属于农村居民。联合国人居署的统计数据表示，农村地区的贫困率比城市地区高出60%。

城市人口的增长速度超过农村，这一趋势在未来可能会加剧。联合国人口司预计，在2011年至2050年间，世界人口将增加23亿，总人口数达到93亿（按中等水平估算）。在此期间，城市人口将持续增长，预计将增加26亿人，使城市人口总数达到63亿。因此，世界卫生组织在2016年指出，在未来40年中，现有和新兴城市将不得不应对因人口自然增长而多出的23亿人，以及从农村地区迁移到城市的3亿人。

人口迅速增长对发展中国家产生的影响更大，因为工业化国家几乎没有进一步推进城市化的空间：2011年，工业化国家的城市化率为78%，到了2050年，工业化国家的城市化率预计达到86%（即使城市人口在国家人口中的比例维持不变，但随着国家总人口的持续增长，许多城市的人口也会相应增长）。2016年世界卫生组织指出，相比之下，2011年发展中国家城市人口只占到47%，到2050年，这个数字可能达到64%。

由于全球82%的人口都来自发展中国家，其城市人口每增长一个百分点，所涉及的实际人数可能都要比这个绝对数大很多。如2012年联合国经济和社会事务部所指出，相对而言，发展中国家的城市化程度低于工业化国家，但发展中国家的人口仍然比工业化国家多15.4亿。从绝对值来看，到2050年，发展中国家的城市人口将增加约24.5亿，而工业化国家的人口仅会增加1.7亿。

在发展中国家里，城市人口增长的密集地区大都集中在亚洲和非洲。亚洲人口远多于非洲。2012年联合国经济和社会事务部指出，在2011年，亚洲人口为42亿，而非洲为10亿。但这些地区也是全球城市化程度最低的地区：2011年亚洲城市人口占世界总人口的45%，而非洲只有40%。相比之下，拉丁美洲和加勒比地区的5.99亿人口中，有78%的人生活在城市。

预计到2035年，非洲大部分地区将实现城市化。2012年联合国经济和社会事务部的数据显示，2010年至2050年间，非洲大陆的城市人口大约将从4.14亿增加到12.6亿。

近年来，亚洲经历了快速的城镇化进程。亚洲开发银行称，到2025年，亚洲城市人口将是全球城市人口的主力军，比非洲实现该目标要早了整整10年；到2040年，亚洲地区将新增10亿人口。其中最引人注目的还是亚洲城市化进程的速度：从10%发展到50%以上的城市化率，欧洲花了150年；而亚洲尽管人口基数大，但预计在未来95年内就会实现这一目标。

因此，世界人口正以人类历史上前所未有的速度在增长，而城市人口的增加也在以同样的速度向上攀升。这两种趋势都意味着，在休闲、体育和旅游等生活领域，环境承载力和拥挤管理的问题变得尤为重要。

2.5.1 对休闲、旅游与体育的潜在影响

随着城市人口比例和密度的增加，解决人口拥挤和承载力问题显得尤为关键，当地政府提供的娱乐、公园、文化、体育和旅游等方面的服务也变得非常重要。有农村人口迁入的大城市在休闲政策和服务供给方面必须做到井然有序。因为城市化的服务需求，公共娱乐和公园的未来规划必须是健康的，这类服务不仅应向人们提供亲近大自然、体育锻炼、艺术表达与鉴赏、休憩与社交以及志愿工作的机会，还应该向人们传授休闲技能，让人们在休闲时了解自己，领悟人生。

2.6 40%的人口或将来自中国或印度

预计在2028年左右，印度人口将超过中国，该增长速度比此前预计的还要快。此后几十年内，印度人口将持续增长，达到16亿左右的顶峰，然后在2100年逐渐下降到15亿。另一方面，预计在2030年后中国的人口会减少，在2100年之前可能会下降到11亿。尼日利亚的人口很可能在21世纪中叶前超过美国；到21世纪末，尼日利亚可能与中国展开角逐，争夺世界上人口第二大国的称号。仅是中印两国的人口就占到了世界总人口的40%以上，这意味着，中印两国的问题和机遇可能会极大地影响世界其他地区。这并不代表他们其中一国将主宰世界，只是他们大量人口的存在将逐渐影响全世界。

2.6.1 对休闲、旅游与体育的潜在影响

世界将会越来越关注中印这两个人口大国。他们在休闲、旅游和体育方面的偏好也将产生更大的影响。在这两个国家里，休闲始于饮食，随着中国人和印度人移民到其他国家，以及人们外出旅游的日益频繁，中国菜和印度菜将越来越流行。2013年有近1亿中国人出国旅游，大多数人出国游的目的地都选择了邻近的其他亚洲国家，只有220万人去美国旅游。《中国旅游指南》在2014年指出，人们越来越多地选择自助游，而不是跟团游。印度的出境游客数量还不算多。更重要的是，国际游客的类型正在不断变化，当他们表现出不同的喜好时，旅游业会采取相关的应对措施。旅游已成为人们生活中的一个重

要组成部分，对生态旅游的需求也将急剧增加。因为游客们常常在有意无意中将他们所爱的东西扼杀掉，生态旅游的必要性就变得越来越突出。根据国际生态旅游协会在 2015 年给出的定义，生态旅游是"一场负责任的出行，即在旅行过程中，既保护当地的自然环境，又不打扰当地人民的正常生活，是感悟与教育并重的休闲旅行活动"。这里的"教育"既针对业内工作人员也针对游客。

为了应对中国、印度和其他国家出境游客数量大增的现象，教育和引导的作用显得尤为重要，它决定了生态旅游能否成功，同时，对当地原住民的教育也同样重要。

2.7 欧洲人口重组

> 许多年前，我出席奥地利的一个会议时，听到一位德国人口学家的演讲。他的报告内容是关于德国的低生育率导致大部分地区人口流失的情况。在演讲结束时，在座许多听众提问，德国是面临人口流失，还是人口重组？按照发展趋势，答案明显是后者。例如一个德国人想卖掉自己的公寓或汽车，而一个在该国工作的土耳其人或叙利亚人想买，那这桩买卖就可能成功。人口下滑会引发经济问题，尽管目前来看这些经济问题还没有解决，但预计很快能找到应对办法。类似情况在日本也是一个老大难问题，在日本出现了一种讨论：是要一个没有移民的"小"日本，还是要一个有移民的"大"日本？大多数国家不太喜欢移民。虽然德国政府邀请土耳其人来打工，但德国人还是不喜欢他们。那些不欢迎移民的日本人，对韩国移民也不是很友善。许多美国人不希望墨西哥人北上。专家们对移民问题也很担忧，因为他们担心德国人和其他西欧人的生活方式会被取代。这种担忧可能存在，也可能不会发生，唯有时间会告诉我们答案。
>
> ——杰弗瑞

然而，由于欧洲人口数量锐减，他们既没有移民工人来补充劳动力，也没有广泛应用的机器人，几乎每个国家都会迅速进入老龄化阶段。2014 年《赫芬顿邮报》指出，随着劳动适龄人口的减少，养老金成本上升，税收下降，除美国以外的发达国家的人口数从 2016 年开始下滑，长期预算危机出现的可能性增大。欧洲国家是否能应对人口老龄化问题，例如谁来打扫街道、购买房屋、给汽车加油，又有谁来为餐馆的厨房工作等等，对此目前还不清楚。

2.7.1 对休闲、旅游与体育的潜在影响

世界人口数量的变化会引发休闲、旅游和体育方面的变革，其中有两种因素在同时发生作用。一是各地休闲形式的互相促进。各地包括发达国家、发展中国家、西方国家、东方国家、城市乃至农村。例如，就在写这本书的时候，美国国家橄榄球联盟就在墨西哥城和英国伦敦举行了本赛季的比赛，这种休闲活动对当地产生了不小的影响。二是发展中国家对休闲活动的推广。由于印度、中国和其他人口众多的国家对世界媒体的重要影响，板球、斗牛和羽毛球等运动都可能变得更受欢迎。未来休闲的变化将面临一个更大的问题，即权力是否正在从西方世界转移到东方世界。如果这个问题得到了解答，那么休闲活动的命运也就有了答案。

2.8 全球白种人数量下滑

美国及世界其他地区的人口数量变化巨大，这将对环境、政治和社会产生影响。《赫芬顿邮报》在 2014 年指出，美国纽约市近 40% 的居民都不在本地出生，美国人口普查局的调查数据显示，中国人是仅次于多米尼加人的第二大外籍人群。洛杉矶居民中非美籍人口占到了近 40%，迈阿密居民中外籍人口占 58%。大多数的美国家庭都有未婚人士，城市里有 40% 的房子里只住了一个人。去教会的人正在减少，现在无宗教信仰者的人数超过了原本居主流地位的新教徒人数。3/4 的劳动适龄妇女都在工作，2/3 的妇女赚钱养家或和另一半一起养家糊口。少数族群的比例占了近 40%，跨种族婚姻占比 15%，远超预期。人们正从郊区搬往城市。在过去的 5 年里，2000 年毕业的大学生中，有 2/3 已经在 50 个最大城市定居，他们正彻底改变着城市。

值得注意的是，人们对某些现象的态度也有了转变。2016 年的盖洛普民意测验显示，60%～70% 的人认为同性恋、婚外产子、婚前性行为以及离婚都是"道德上可以接受的"。

美国正经历着变革，各种族之间融合、移居，多民族、多种语言互相交流。多样性特征在美国多元文化背景下变得越来越鲜明。

此外，少数族群、单身女性、千禧一代和非宗教人士组成了新的族群人口联盟，2012 年，这些团体中的选民共占 51%，但人口普查数据和选举投票后的民调显示：2016 年，这些群体中的选民占到了 63%。

现如今，白人大约占到了美国人口的 2/3。但《赫芬顿邮报》在 2014 年

指出，到 2043 年，美国的白人比例将不再居于主导地位。第一代和第二代拉美裔美国人和亚洲人的居住隔离现象有所缓解，通婚现象日益增多，族裔之间的界限变得模糊，多种族血统者的人口数量也有所增加。2010 年人口普查数据显示，数百万人在填写政府表格时避开了种族类别这一栏，黑人或白人会更倾向于填入自己的文化身份或个人身份。

美国的少数族群中 5 岁以下的人数首次占到了相应人群的一半左右。这是一个历史性的转变，此数据表明，年轻人走在了种族和阶级变革的前列。此外，政府预测在未来 5 年内，少数民族 18 岁以下儿童人数占到一半以上。有学者指出，不久后，由于"婴儿潮"一代进入老龄化，美国白人人数将开始直线下降。

美国人口普查局的调查数据显示，到 2060 年，预计多种族人数将从 750 万增加 3 倍以上，达到 2670 万。专家说，随着多种族人群的耻辱感日渐淡薄，种族这一标签变得越来越不重要。布鲁金斯学会的人口统计学家威廉·H. 弗雷说："如果不考虑未来的移民和少数族裔的生育情况，美国的白人人数将停滞不前。"他还补充道：

> 在未来 20 年里将发生巨大的变化，因为"婴儿潮"那一代中的大多数白人开始步入退休年龄，美国的少数族群将会取代他们。因此为应对这一巨变，我们必须做好准备，尤其在儿童和青年劳动力人群方面。

对于其他白人人口比例占主导地位的国家来说，人口形势的变化更为迅速。西欧和澳大利亚、新西兰都正在向以非白人为主导的多元化人口结构转变。

2.8.1 对休闲、旅游与体育的潜在影响

用法雷德·扎卡里亚的话来说，现代社会大部分的休闲方式都是由白人发起的。世界各地的人将这些休闲形式传播开来，并进行改良。随着白人在世界总人数的比例下降，中美洲、南美洲、亚洲、非洲和世界其他地区的人将重新定义休闲、旅游和体育。当然，根本性的改变是比较难的，但是我们可以改变活动的"风貌"。在体育活动中，谦逊是英国上流社会的传统，但在非洲则没有这样的习俗。英国优秀男运动员说出的"我只是运气好"这样的谦辞，与美国拳王穆罕默德·阿里所说的"我是最伟大的"这种自夸之辞形成鲜明对比。同样，许多第一次成为中产阶级的人也会炫富，例如以出国旅游、穿名牌衣服来彰显身份和财富（这并不代表白人不会有这样的行为——美国的暴发

户也会炫富）。有些国家的女性没有机会接受像样的教育，她们受到约束，不能参加很多体育活动和旅游项目，社会只希望她们乖乖地结婚生子，传宗接代，因此，重新定义休闲对女性来说意义重大。

2.9 亚洲和墨西哥移民将重新定义北美

纵观历史，墨西哥和美国之间有着复杂的、周期性的冲突关系。2011年乔治·弗里德曼在《下一个10年：我们身在何处，走向何方？》（*The Next Decade: Where We've Been, and Where We're Going*）一书中提出，18世纪时，相比美国，墨西哥曾是一个更先进的国家，当时的墨西哥更发达、更成熟，武器装备更好。尽管如此：

> 在美国通过路易斯安那购地事件扩大其领土后，墨西哥被美国排挤到其现在的边界地区。美国首先一举拿下了得克萨斯州，随后发动美墨战争，迫使墨西哥失去了今天的丹佛和旧金山等北部地区。
> ——乔治·弗里德曼《下一个10年：我们身在何处，走向何方？》

美国人口普查局的数据显示，目前美国的拉美裔人数占总人口的17%，但实际数字可能是它的2倍，占到总人口的31%，接近美国居民人数的1/3。2000年，美国12个重要边境城市中就有6个城市，其拉美裔美国人比例超过90%，唯有圣地亚哥和尤马这两座城市，其拉美裔美国人所占比例低于50%。2012年R.卡普兰在《大地的复仇：地图能预测即将来临的命运之争》（*The Revenge of Geography: What the Map Tells Us about Coming Conflicts and the Battle against Fate*）一书中提出："从地理学角度来说，美国西南边境的地域模糊化正在成为一个事实，边界上所有的安检设备必须确保正常运行。"

我认为，"封锁"美墨边境，不再接受外来移民的想法只是个玩笑话而已。绝大部分墨西哥移民在美国干着非技术型工作，工资不高，同时美国工人也不愿意干这类工作。发展美国经济需要更多的劳动力，但美国又不想大幅增加公民的数量。2011年布斯指出，墨西哥有盈余劳动力，也需要输出，所以这个结果是意料之中的。美国计划延长边境的长度，修建一堵隔离墙来阻挡墨西哥及其他外来移民，但这堵墙可能会像历史上的大多数墙，如柏林墙一样，落个同样的下场。

世界上没有哪两个国家像美国和墨西哥这般地缘关系紧密但经济差距巨

大。2012 年 R. 卡普兰指出，墨西哥人均 GDP 是美国人均 GDP 的 1/9。目前，墨西哥是美国第二大贸易伙伴（仅次于加拿大），其 85% 的出口产品都流入了美国。美国在墨西哥方面面临两大问题——墨西哥非法输出的劳动力和毒品。

其原因在于美国经济对商品的巨大需求。如果美国对商品没有需求，出口将变得毫无意义。出于对物质尤其是毒品的欲望，不论是对墨西哥国家还是对个人而言，非法出口毒品都是有利可图的。
——乔治·弗里德曼《下一个 10 年：我们身在何处，走向何方？》

2012 年世界银行指出，2011 年，从墨西哥出口到美国的毒品的利润约为 360 亿美元，而墨西哥以合法途径出口的商品价值总额仅为 130 亿美元。因此，可以说，墨西哥是一个吸毒成瘾的国家，靠非法贩卖毒品来维持经济发展，而这些毒品主要销往美国。

亨廷顿在 2004 年提出，从文化和制度层面来说，有人认为美国不只是移民国家，而是一个以新教徒移民为主的国家。只有信仰新教，外来移民才可能真正成为美国人。但这一信念可能会被一个进步的拉美裔天主教团体所瓦解，因为在美国现在的外来移民中，大约有一半是墨西哥人。所以正如 2012 年 R. 卡普兰所言，问题仍然在于社会同化程度：

虽然我们已经花费了数千亿美元对欧亚大陆施加影响，但对于与我们共享漫长边境线且骚乱频发的墨西哥——它的人口几乎是伊拉克和阿富汗两国总人数的两倍——我们却束手无策。
——R. 卡普兰《大地的复仇：地图能预测即将来临的命运之争》

定居在美国的墨西哥移民经常感到宾至如归，因为他们居住的许多地区曾经是他们国土的一部分。这意味着墨西哥移民会以缓慢的速度与美国居民发生同化，或者根本不需要同化。

由于拉美裔社区在地理位置上相对集中，相较于其他移民，第三代及之后的墨西哥裔美国人保持母语的能力更强。而这种社区在地理位置上的集中实际上反映了人们对美墨战争的反感。此外，墨西哥的入籍率是所有移民群体中最低的。
——R. 卡普兰《大地的复仇：地图能预测即将来临的命运之争》

一些人甚至在设想建立一个独立国家的可能性，这个独立国家包括墨西哥北部和得克萨斯州、新墨西哥州、内华达州等地。然而，这种设想似乎不大可能，因为两国之间巨大的收入差距以及墨西哥社会的高度腐败，都使美国任何一个州（更遑论联邦政府）难以接受这种合并。

然而，其他研究如泰勒在2014年出版的《下一个美国》(*The Next America*)一书指出，虽然墨西哥人具有同化能力，但墨西哥移民的子女很快就学会了英语，这是他们父母所期望的。对许多州而言，墨西哥人的同化速度和程度将决定其所在地区居民的生活方式，这些地区包括加利福尼亚州、得克萨斯州、新墨西哥州、亚利桑那州等。值得一提的是，墨西哥州的出生率（总生育率）已经下降到2.2，几乎接近于人口更替水平。墨西哥的人口仍会继续增长，因为墨西哥现有公民还愿意生育下一代。但墨西哥的人口年龄仍然有可能增大，输入美国的青年人数也会减少。

往美国移民的墨西哥人数正在下降。皮尤研究中心冈萨雷斯·巴雷拉在2015年的一项调查中发现，自2006年以来，离开美国的墨西哥人比输入美国的人数还要多。墨西哥出生率下降、国内谋生的机会增加以及美国经济停滞不前等因素，导致自2009年以来，试图偷渡过境的人数减少了50%。与此同时，奥巴马驱逐非法移民的人数比以往任何一届总统都要多。墨西哥移民率降低的另一个原因是：随着农业自动化的发展，该领域对工人的需求量可能会急剧下降。因此会出现如下情况：北美某些地区的墨西哥人数量众多，而其他地区则很少。同时，美国的印度和中国移民数量开始多于墨西哥移民数量。

> 亚洲人，特别是中国人，正在重塑北美的人口版图。去年，我在英属哥伦比亚省纳奈莫的温哥华岛大学做了一次演讲。在演讲中，我提到，在温哥华，华裔的比例大约占到了1/3，而纳奈莫因为位于海湾对面，租房成本便宜不少，所以很可能会有大量的中国人涌入。虽然同意我这个想法的听众不多，但是，中国一家大型公司宣布将在纳奈莫建造当地最大酒店，这将提高这座城市在中国人心中的知名度。
>
> ——杰弗瑞

移民到北美的亚洲人可能会改变加拿大和美国，特别是美国西海岸地区。现在，美国所有的外来移民中亚洲人占36%，拉美裔占31%。亚裔美国人是收入最高、受教育程度最高、人口数增长最快的族群，在近期外来移民中所占比例也最大。2014年皮尤研究中心的一项调查显示，相较于其他族群，亚裔美国人对自己的生活、经济状况和国家发展满意度更高，他们更重视婚姻，更珍视与父母的关系，更敬业，更渴望在职场上获得成就。

2014年，在华盛顿州的国际游客中，中国游客数量雄踞榜首。华盛顿大学的7300名国际学生中，半数以上都是中国人。

随着经济的增长，富裕的中国购房者涌入美国，在美国房地产业投资了220亿美元。美国国家房地产经纪人协会做了一项研究，结果表明：2015年中国购房者的数量在所有外国购房人数中位居榜首。2014年中国买家投入了128亿美元，同样位居榜首，而2015年的投资额比去年的更高。2014年瓦尔德斯指出，这些住宅的中间价为50多万美元，再次超过了其他国际买家。其中华盛顿州颇受关注，在对华住宅销售量中排第二，仅次于加利福尼亚州。

居外网（Juwai.com）作为一家有影响力的房地产网站，能为中国买家提供中介服务。它的创始人西蒙·亨利表示："我们正处于中国对外投资的初始阶段。这还只是刚刚开始。"

2.9.1 对休闲、旅游与体育的潜在影响

美国许多地方的休闲活动很可能会受到人口多样化的影响。在一些现有或即将拥有大量墨西哥人的州，休闲活动的习俗可能会发生变化，比如大众媒体将会更多地使用西班牙语，与墨西哥有关的艺人、艺术和食物也会在流行文化中崭露头角。

在人口多为墨西哥人的美国地区，空闲时间可能会减少。尽管马拉那文化（mañana culture）流传着这样的说法：墨西哥人躺在一棵树下，保证明天一定能完成任务。但2011年经济合作与发展组织的一份报告发现，墨西哥人平均每天花10个小时从事有偿和无偿的工作。这是世界上工作时间最多的一个国家。日本人、韩国人和中国人的工作大部分都是有报酬的，他们很少干无偿的工作。但墨西哥人几乎没有闲暇时间，他们的休闲时间主要是在假日或特殊活动期间等。这些标准可能会影响现有人口，有时甚至会导致与工作相关的文化规范和休假权利发生冲突。

墨西哥最受欢迎的体育项目包括足球、拳击、棒球、篮球和斗牛等，因此参与此类体育项目的人数尤其是观众数量可能会增加。

由于墨西哥移民集中在几个州、城市或地区，不同地区的休闲活动可能会不相同，例如5月5日（在1862年5月5日，4000名墨西哥战士在普埃布拉击败法国侵略军和8000名墨西哥叛军）可能是某一个州的主要节日之一，而在另一个州则很可能不知道有这个节日。在某些地方有必要施行双语制，而其他地方则没有这个需求，例如加拿大少数地区用法语交流，其他地方则以中国

普通话作为第二语言。

亚洲人将重塑旅游业，因为旅游中的愉悦感在很大程度上是金钱带来的。印度和中国游客数量最多，中东人紧随其后。世界旅游组织预计每年中国出境游客的数量将在这10年间翻一番，这将是一个不争的事实。中国游客在国外购买奢侈品的花费已经超过其他任何国家。与此同时，发达国家出生率的下降和人口老龄化意味着这些国家经济发展将会进一步放缓。如今的德国或法国游客很快就会被说普通话、印度语或阿拉伯语的游客所取代。在美国，白人游客不再那么普遍，更多的是墨西哥人、亚洲人和非裔美国人。他们的喜好，比如他们对旅游业的态度、对历史遗迹的感受、对愉悦感的定义、喜欢食物的类型、对运动项目的选择等，将占主导地位。

2.10 人口因素对休闲活动的重塑

人口数量和特征的巨变正在重塑我们的生活，这其中也包括休闲活动。贫困国家人口的增多导致世界人口急剧膨胀，这就意味着我们要控制人口数量，同时努力为那些无法读书的人提供教育机会。发达国家正面临着与发展中国家相同的问题，而且，这两者之间的区别会越来越小，因为所有国家的人口数量都在"发展"。全球范围内都将受到人口快速增长、人口老龄化和移民持续增加所带来的影响。在这个过程中，休闲生活正在被重塑——它将成为一种期望值更高、计划性更强和消费更高昂的生活。

年龄仍然是休闲行为的最佳预测要素之一，因此研究全球老龄化现象意义重大。在塑造老年人休闲前景方面，他们的健康状况和经济条件等因素至关重要。2012年美国体育运动委员会指出，在体育活动方面，大多数人在30岁左右就不再参加团队运动了。过了30岁很少有人会去参加棒球、英式足球、美式足球、曲棍球等体育活动，有的人甚至也不去打篮球了。图2.3显示了年龄对团队运动、冬季运动项目、水上运动和球拍类运动的影响。

由于很多国家人口老龄化速度加快，国家间人口的加速迁移将会导致休闲模式趋于多样，因此休闲、旅游和体育运动可能会更多元化。所以，无论是在中国西部的一间公寓里观看NBA球赛，还是在假期里游历各国，人们的休闲体验也许都是相似的。

美国对现代休闲、旅游和体育方式的塑造力强于世界上其他任何国家，尤其是当大型跨国公司在全球范围内推广网络游戏、度假酒店等休闲模式的时候，其休闲方式可能更为多样。

全球城市化使人们对公园、运动场以及旅游营销等各种休闲服务的需求量

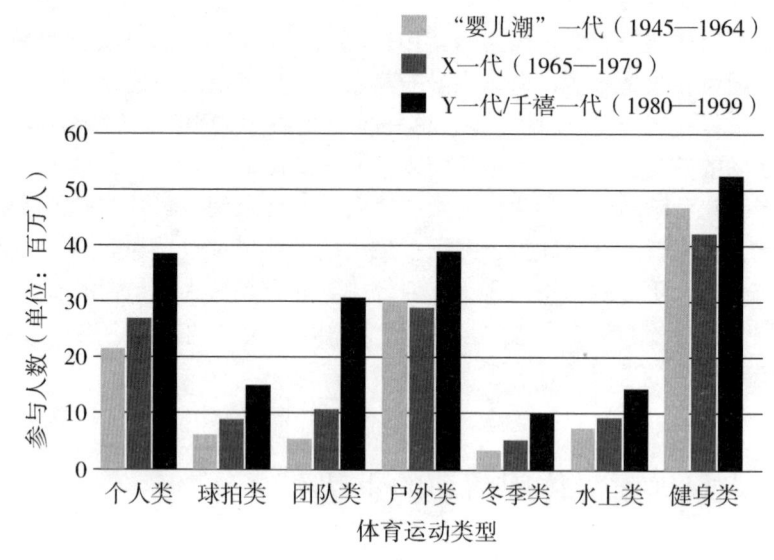

图 2.3 按年龄层划分的运动参与度

*数据来源于美国体育运动委员会：《关于美国体育、健身和娱乐参与的年度跟踪报告》，2012 年。

增加。全世界的人们纷纷涌向城市去寻求更好的生活。他们在城市中有了更多休闲选择，比如自行车、步行道、运动场、体育设施、步行回家等。这促使人们更主动地进行休闲活动，这也是城市美好生活的一部分。尽管许多国家都采用了类似的模式，但政府的价值观和管理能力也至关重要。

第3章 环境问题

有些人认为世界灭亡的序幕早已拉开。人类社会究竟是走向灭亡，还是发生变革，都取决于未来几十年人类的所作所为以及各国政府的表现。据2014年出版的科尔伯特《第六次大灭绝：非自然历史》(The Sixth Extinction: An Unnatural History) 一书的研究，目前已发生的变化包括以下内容：

- 人类活动使地球上1/3～1/2的地表发生了变化。
- 世界上大多数的主干河流如今都筑起水坝或进行改道。
- 肥料厂生产的氮气多于整个陆地生态系统产生的氮。
- 渔业掳走了海洋沿海水域1/3以上的初级海产品。
- 人类已经消耗了地球上近1/2的可用淡水资源。

更糟糕的是，在过去的两个世纪里，空气中二氧化碳的浓度上升了40%，甲烷的浓度高出了2倍多。详尽的科学数据证明，全球气候一直在发生变化。简单来说，地球很可能会出现第六次生物大灭绝。

> 人类在"改造地球生态景观"的进程中，也在自掘坟墓。原因是，人类尽管已经摆脱了进化的束缚，但仍需依赖地球的生物系统和化学系统。然而人类砍伐热带雨林，改变大气成分，使海洋酸化，这些活动破坏了这些系统，于是将人类自身置于险境。
> ——科尔伯特《第六次大灭绝：非自然历史》

保罗·R.埃利希在其1968年出版的《人口爆炸》一书中提到了环境状况和粮食安全状况，他觉得这是一个无法解决的问题，认为不断增长的人口对自然界各方面造成的压力与日俱增。他写道："为了解决这个问题，我们必须迅速控制世界人口，实现人口零增长或负增长，必须对人类数量进行有意识的调节。同时，至少从短期内来看，我们必须大幅增加粮食产量。"

许多评论家都不认同埃利希的观点，他们认为科学技术、物资回收和财富增加等方面的改进可以解决人口快速增长的问题，并指出，世界上贫困人口的比例正在下降，而且这种趋势可能会持续下去。然而，这场争论意味着人类必须不断做出改变，改进技术并提高道德水平。此外，人类还必须意识到：大多数物种在数量快速增长之后，都将经历一段濒临灭绝的时期。人类已经成功利用先进技术，使人口不断增加。我们的道德水平也必须与技术一样迅速提升——这是一个很高的要求，但这是人类命运的关键。美国诗人 W. S. 默温在他发表于 1970 年的诗中提醒我们："四季乃大自然之常态，并非离了人类就没法更迭。"如果没有人类，地球依旧会正常运转，那些基督徒或犹太人都知道，上帝正是对人类不满才发了大洪水，只给每个物种留下了繁衍的代表。

环境问题将影响未来社会的方方面面，比如购物、生日会、婚礼庆典、上班、食物、国际会议等等。人人都将成为环境问题的一部分。

3.1 人为造成的气候变化

世界上最重要的变化也许就是环境问题，而且这种变化前所未有。它包括史无前例的动植物大灭绝、气温迅速升高、太阳光线减弱、水位上升以及极端天气事件频发等问题。

和其他的环境问题相比，人为造成的全球气候变化有所不同，原因有四：
- 独特的全球性。
- 独特的长期性。
- 独特的不可逆性。
- 独特的不确定性。

由于各国排放出的二氧化碳进入大气层后会对全球产生影响，我们必须从国际层面来共同应对气候变化。而且这种变化由来已久，过去的 10 年是人类气温测量史上温度最高的 10 年，20 年前的测量结果排第二，30 年前的排第三。由此可见，人为造成的全球气候变化已不可逆转：

> 即使我们从明天开始停止碳排放，气候变暖仍会持续数十年之久，海平面上升也会持续数百年之久。最终，南极洲西部的冰盖可能全部融化。
> ——瓦格纳尔、韦茨曼《气候突变：炎热天气带来的经济后果》
> (*Climate Shock: The Economic Consequences of a Hotter Planet*，2015)

尽管我们明白人为造成的全球气候变化已不可避免，但很多问题我们仍没有弄清楚，尤其是它所带来的影响，而且目前我们对此仍没有找到切实可行的解决方法。

"人类引发的气候变化"这个话题由来已久，但美国人对此的理解似乎比其他现代国家更慢。英国伦敦人早在 1280 年就首次记录下空气污染所带来的威胁，其主要原因是燃煤。因此，人为造成的全球气候变化历史久远。瓦格纳尔、韦茨曼在 2015 年提到，爱德华一世曾禁止烧煤，但禁令很快就被取消了。如今，全球每年大约燃烧 80 亿吨煤。不管煤炭生产商是否在媒体面前谎报数据，但目前的燃煤量显然已使气候发生巨大的变化。

虽然人为造成的气候变化所引发的后果尚未完全明确，但由此产生的各种现象引发了科学界的忧虑，如美国科学促进会（American Association for the Advancement of Science，AAAS）指出：

确凿的证据显示：大气中温室气体含量正在增多，温度在上升，春天来得更早，冰川正在融化，海平面正在上升，降雨和干旱的模式正发生改变，热浪问题日趋严重，极端降水也越来越严重，海洋正在发生酸化。
——美国科学促进会《天气变化的现状、风险及应对策略》
（*What We Know: The Reality, Risks, and Response to Climate Change*，2015）

如 AAAS 所提到的，快速增长的消耗量和人口数量，以及对燃料的过度依赖，反映了一个问题："除非全球总消耗量减少或全球产量增加，或两者兼而有之，否则地球注定失去再生能力"。

只要出生率高于 2.1，人类的体重总值就会超过地球本身的重量。从这个角度来讲，发展中国家有可能掌握着人类的未来。贫困和妇女的不平等地位是导致世界人口无序增长的主要原因，因此人类生存的机会与消除贫穷、改善女性地位并赋予其更多的教育及生活机会等息息相关。

从环境角度来看，人类进入了一个前所未有的时代。例如，AAAS 在 2015 年发布的数据显示，仅 1998 年一年内发生的自然灾害所造成的损失额，就比过去十年的损失总额还要多。虽然成因还在争论之中，但 20 世纪海平面上升的速度是 19 世纪的 2 倍，这已是不争的事实。水位上升会对全球的湖岸线和海岸线产生不同的影响，世界上大部分的海湖岸线都在发生变化。在这个过程中，许多岛国将会被淹没，例如，孟加拉国可能会大祸临头，因为它大部分的领土都比海平面要低。毫无疑问的是，人类活动正在改变着大气环境，例如，费希尔、范·克伦和施密德在《遗传性阿利效应：克隆植物的表现、可塑性和发展稳定性》（*Genetic Allee Effects on Performance, Plasticity, and Developmental Stability in a Clonal Plant*，2000）一文中指出：

臭氧层的破洞将导致到达地表的有害紫外线辐射量增加，这一点是毋庸置疑的。而全球变暖极有可能使平均温度增加并使海平面上升。极端天气事件（如暴雨和暴风雪、洪水和干旱）有可能会更频繁地发生。

不少专家认为，人类很有可能正徘徊在地球第六次物种大灭绝的边缘。

工业革命以来，通过燃烧大量的煤、石油和天然气等化石燃料，人类向大气排放了约 3650 亿吨碳。森林砍伐又增加了 1800 亿吨排放量。每年大约有 90 亿吨是浪费掉的，而且这个数字还以每年 6% 的速度在增加。正因为如此，如今空气中二氧化碳的浓度——略高于 400 ppm（parts per million，百万分比浓度）——比过去 80 万年中的任何时候都要高，这个数字甚至有可能比过去几百万年中的任何时候都要高。如果按照当前趋势发展下去，二氧化碳浓度将达到 500 ppm，大约是工业化时代之前的 2 倍。到 2050 年，预计这种增长将导致全球最终平均气温上升 3.5℉至 7℉（约 1.94℃至 3.89℃），这一结果会引发各种环境事件，包括大部分现存冰川的消失、低洼岛屿和沿海城市的淹没以及北极冰川融化。但这只是后果的一半而已。

——科尔伯特《第六次大灭绝：非自然历史》

而另一个可怕的后果则是越来越多的二氧化碳进入海洋，排放到空气中的二氧化碳有 1/3 被海洋所吸收。许多科学家认为，这个可怕的后果将导致生态系统在 2100 年开始崩溃，但这对人类的行为并不会产生重大影响。

二氧化碳是造成气候变化的主要因素，它的排放量在短时间内也有所增加。国际能源署 2016 年的报告显示，全球化石燃料燃烧和水泥的生产导致 2013 年的二氧化碳排放量达到 361 亿吨，比 1990 年高出了 61%。国际能源署称，即使各国恪守在《联合国气候变化框架公约》（the United Nations Framework Convention on Climate Change，UNFCCC）中承诺的目标，世界仍将排放 137 亿吨二氧化碳。

联合国环境规划署在 2014 年发布的《排放差距报告》再一次给我们敲响警钟："为了将全球气温上升幅度控制在 2℃内，避免气候变化带来的最坏影响，应在 21 世纪中后期实现全球碳中和（carbon net neutrality）。"该报告指出，在 2055 年至 2070 年间，达到碳中和能够降低气候变化带来的风险，这至关重要。

2008 年法雷德·扎卡里亚认为，印度和中国等大国的空气质量不尽如人意，数千万人的健康因此受到影响。例如，印度的农村和城市上空出现雾霾，其主要原因在于烹饪和加热时燃烧柴木和植物；在印度超过 1 亿户的家庭中仍在使用炉子，每天使用 2～3 次，而这些有害物质都是在烹饪炉中燃烧生成的。

3.1.1 对休闲、旅游与体育的潜在影响

全球气候变化对休闲活动的影响是多方面的。人们尝试最大限度地减小旅行、消费、购物和饮食对环境造成的危害（肉类生产会对环境造成巨大的危害），以此来对休闲、旅游和体育活动进行重塑。航空业可能会被征收更高的税。以休闲为目的的旅游可能会根据温室气体的排放量加以严格管制。那些只想达到环保最低标准的公司反对这样的新规定。因此，除非这些公司能够自我反省，主动减少对环境的危害，否则要想将这些法规落到实处，政府需要付出更大的决心和努力。当然，旅游业中的能耗现象也无处不在：交通、住宿、就餐、出行、购物，几乎旅游业的每一个方面都是能源密集型的。生态旅游只是应对高能源消耗危机的一种手段，因为生态旅游者通常仍会选择坐飞机出行，并且会在旅游目的地住上一段时间。由于50人乘坐一辆客车所产生的污染要比50人开25辆汽车所产生的污染少得多，很多国家可能会重新选择团队出游。这些取决于人们对环境问题严重性的认识程度，以及政府为人民创造最佳生存机会的行动力。相反，还有许多人可能认为，个人行为在即将到来的物种大灭绝过程中起不了什么作用，所以他们会像以往身处灾难中的人一样，只图及时行乐，不计后果地以性交、吸毒或消费等极端的休闲方式求得一时之快。

空气污染、水污染和其他污染在很大程度上影响了休闲、旅游和体育活动。北美的户外娱乐对健康有益，但在世界上的许多地方空气质量堪忧，不管出于何种目的，待在户外都是危险的。运动员由于在运动中竭尽全力，运动时会呼吸更多被污染的空气。儿童和老年人也深受其害。人们可以戴口罩，但很多口罩都不管用，不过型号为N95 8210的3M防护口罩是有效的，还有一些做工精细的口罩也是有用的。运动员和观众是否会戴上口罩，体育赛事是否会转移到室内，对此，成本、知识和习俗起着决定作用。对业余运动员来说，在室内进行体育活动的成本是非常高的。轻松的室内运动项目可能会大受欢迎，而像足球这种户外运动项目的参与度可能会下降。2015年奇尔赛克提出，体育活动很容易受温度的影响，在许多国家，即使空气质量非常好，高温也将重新定义户外运动的时间和方式。这种现象已在澳大利亚网球公开赛和其他比赛中出现过。和许多沙漠城市一样，越来越多的运动项目可能会在晚间进行。

这类问题也会影响到旅游业和户外的其他休闲活动。许多旅游景点"旺季"的形成因素也将发生变化，例如以冰雪为主题的节日和特殊活动要么将彻底消失，要么其地点将向北或向南转移。

3.2 水资源危机

2015年1月，世界经济论坛宣布，在以"社会影响"（破坏力）为基准的世界性危机排行榜中，水资源危机位居榜首；在"可能性"（指10年内危机出现的可能性）排行榜中则排在第8位。全球约有7.5亿人无法喝到安全的水，也就是说每9个人里有1个人有这种情况，无法喝到安全饮用水的人数比美国总人口的2倍还要多。饮用水不足、卫生条件差和缺乏洗手习惯都会引起腹泻，全球每年因此死亡的人数约84.2万人，即每天约有2300人因此死亡。在无法获得干净饮用水的人口里，有82%的人都住在农村地区，剩余18%的人则生活在城市地区。

法米列蒂说："我们观察到的现象是地球湿润地区变得越来越潮湿"，"像北极这样的高纬度地区以及像热带那样的低纬度地区的天气将越来越湿润，而两者之间的中纬度地区现已成为干旱和半干旱的地区，而且其干旱程度将日趋严重。"

——戈登伯格《为什么全球水资源短缺可能导致战争和恐怖主义》
(*Why Global Water Shortages Pose Threat of Terror and War*，2014)

3.2.1 圣保罗、里诺或其他地区的水资源将消耗殆尽吗？

巴西早就意识到水资源危机的严重性。在写这本书的时候，巴西圣保罗市可能就要缺水了。而圣保罗州4400万人也面临水资源短缺的问题，该地区经历了80年来最严重的旱灾，圣保罗州立自来水公司停止定量供水两个月后，不止一名政府官员向这个地区发出"水资源急剧短缺"和"供水系统崩溃"的预警。要知道，这里可是南美洲人口最为密集的地区。

由四湖围绕而成的圣保罗最大水库——坎塔雷拉水库为圣保罗州提供了近一半的水资源。2014年8月，一家联邦机构经研究后作出预测，如果不采取水资源的定量配给措施，圣保罗州的水资源将在百天后消耗殆尽。修建了管道系统后，水位已很低的水库被抽干，坎塔雷拉的水位也已降到了历史最低水位——库容量的3.3%。政府官员预测：如果没有降雨，坎塔雷拉水库将完全干涸。2014年泽克尔指出，铁特水库的情况也不容乐观，其水位仅占水库容量的8.5%。尽管圣保罗州立自来水公司坚称：该公司没有在全州实施任何水资源定量供给措施，但圣保罗州约70座城市的居民已经历过不同程度的停水。

据彭博新闻社报道，60%的居民在过去30天内至少经历过1次停水，其中有些地区会在特定时间里持续断水12小时。

圣保罗周边的一些城市用卡车运水来解决水资源短缺的问题。还有些城市已自行实施断水措施，将所剩无几的水资源珍藏起来。对用水量大的企业则实施水资源定量配给制。在当地政府部门的要求下，肉类加工厂已停产，以此来共同节约水资源。《华尔街日报》指出：不幸的是，此时距离该地区雨季高峰期还有一个多月，因此，恐怕该地区的蓄水情况只会越来越糟糕。

在美国西部的大部分地区，水资源匮乏也在重塑休闲活动，例如划皮划艇和独木舟活动、捕鱼等都被暂停，人气高的泳池也被关闭。由于蓄水量过低和水资源被藻类污染，州立公园90年来首次关闭了露营地。

2015年卡夫指出，美国的赫斯特城堡游客中心为节约用水，不再使用冲水马桶，取而代之的是用化学剂清理的马桶。而一些国家公园则要求游客自己带水，汽艇只能停放在泥潭中。

3.2.2 对休闲、旅游与体育的潜在影响

如前所述，全球气候变化对休闲、旅游和体育活动的影响是巨大的。如果将休闲活动分为核心活动和平衡性活动，那么大多数平衡性活动都涉及旅行。如今出行的主要交通工具是汽车和飞机。由于这两种交通工具都会释放大量的二氧化碳和烟尘，选择这两种出行方式的成本会更高，其限制性也会更强。在北京和新德里，重度污染的空气使癌症成为头号杀手，政府采取了限行措施，即规定一周中有几天允许司机开车出行，而另外几天是禁行的。考取驾照也不是一件容易的事，有时候，人们可能要花上2年甚至3年的时间才能拿到驾照。在无限能源时代到来之前，休闲式旅游、观看比赛、去景点观光这类活动的费用可能会更高，限制也会更多。

许多旅游景点将不复存在或被迫易址。正如上文所提到的那样，美国自由女神像很可能会被迁走；许多海岸度假区，如迈阿密、卡罗来纳的外滩群岛，新奥尔良等地的大量沿海度假区及其他海湾沿岸的旅游景点，要么被海水淹没，要么受到潮水冲击。像威尼斯、阿姆斯特丹这样的传统型旅游胜地，受破坏程度将比现在更大，甚至可能沦为废墟。

许多人难以接受这样的观点：城镇会被海水淹没和掩埋。如果你沿着英格兰东部的萨福克海岸漫步，可以看到邓尼奇市的遗迹，如今这里是一个离北海只有几英尺远的小村庄。但在中世纪晚期，邓尼奇是英国第二大港口，与现在相比，当时邓尼奇的海岸线往东延伸了近3.22千米（也就

是说，现在海水几乎吞没了整个城市），而现在的海岸线则向西退了 3.22 千米远（当地流传着一个很感人的故事，每当海上出现大风暴时，可以听到从邓尼奇已不复存在的老教堂里的钟声回荡在海浪之下）。事实上，整个英格兰东部的海岸线受侵蚀速度十分惊人。

——盖伦

  人们一开始不愿面对海平面上升这件事，后来也不得不修筑海堤和其他防御工事来阻挡上涨的海平面，再接着就出现了分区分时建设方案：花 5 年时间将防御工事建在滨水区附近，然后将准建区向后移 3.22 千米，接着又在之后的 5 年内再向后推移 3.22 千米。危险区内的度假屋和旅游酒店的安全无法得到保障，因此不会重建。

  其他旅游景点也会变得酷热干燥，极易发生极端天气事件。上海、纽约的大部分地区以及许多离海洋只有几千米远的旅游城市，要么可能将不复存在，要么不得不花血本改地易址。

  旅游旺季也会有所改变。有些地方的旅游高峰期时间可能会长一些，尤其是像加拿大的魁北克市或芬兰的赫尔辛基这样天气寒冷的旅游城市。而在其他地方，全球气候变暖改变了一些旅游目的地的功能，例如许多滑雪场将成为露营、观光胜地，游客可能乘坐空中缆车，只为欣赏脚下风景，或是在山顶餐厅里享受一顿大餐。

  对于户外运动项目，主办城市和举办方或将被迫取消、推迟活动甚至改变举办时间和地点。体育活动对澳大利亚的经济和文化很重要，美国的体育运动也深受大众喜爱。各种体育活动的普及率都很高，球迷们也热情高涨。因此，户外运动项目的这种变化对体育（娱乐）行业来说可是一桩大事。全球气候变化对体育活动产生了深远的影响，特别是过高的温度可能会影响运动员和观众的健康。

  在美国，像棒球、美式橄榄球、篮球、冰上曲棍球、网球、英式足球及其他职业化运动项目每年都会定期举行比赛，日程上不会冲突。但全球气候变暖打乱了各国的运动赛事日程，导致人们对体育赛事出现了如气候研究学会所说的"过于热情"或"过于冷漠"的态度，这不利于体育的商业化运作。因为体育赛事也是一种商业活动，当体育赛事的成本与日俱增，体育迷们只好每月支付电视费来收看比赛，或买高价门票去现场观赛，而且这些体育赛事必须定期举行，还不能中途停赛。但是，试想一下，如果全球气候变暖导致这些赛事中断该怎么办？这带来的经济损失又会是多少呢？

  2015 年气候研究学会指出美国面临类似问题：

体育活动要想吸引球迷同时赚取巨额利润，那么全国各地的竞技场和运动场都必须进行调整，以确保球员和球迷的安全。

从可伸缩式屋顶到防洪系统等设备都需要升级。升级项目还包括：提升能源效率、利用可再生能源、节约水资源、回收物资和废弃物处理等。毫无疑问，实施这些项目的目的是削减运营成本以及激发环境效益。这些工作都是人们的努力，为的是增强应对极端天气的能力。

——气候研究学会《全球变暖，澳大利亚体育遭遇高温》
（*Australian Sport Feels the Heat as Global Temperatures Rise*）

气候研究学会总结道：

体育活动在改善国民健康方面起了非常重要的作用，同时，它也是我们国家（美国）重要的娱乐及休闲活动。如果全国 80% 以上的人都进行体育运动，那么它将成为一种惠及子孙后代的生活方式。

从职业运动员、相关管理人员到观众、评论员等，都要认识到全球气候变化给体育活动带来的风险。为了应对这些风险，包括政治领袖、商业领袖在内的所有人都需要尽最大努力。

伊朗迎来了有史以来最热的一天——气温高达 65℃。我们试想一下，在这种天气下，在户外举行足球赛、徒步或旅游会是什么情景？想想那些户外运动——网球、高尔夫球、美式橄榄球、英式足球、棒球、曲棍球、田径、赛马等，气候的变化将给它们带来极大的改变。在不久的将来，更多像游泳、网球、足球一类的户外运动可能会转到室内进行。

3.3　与动物的关系发生改变

通过遗传学我们可以知道，地球上所有的生命相互之间都是息息相关的。从进化论角度来看，所有的哺乳动物都是人类的近亲，人类身体里的每一个细胞都体现了这种联系。胚胎学表明，从受精到出生，人类几乎经历了所有的进化过程，包括在母体内 9 个月的某个时候人类会长出鳃和尾巴。通过核磁共振成像技术，我们可以了解狗与它的主人之间独特的关系，以及它所经历的丰富而复杂的情感变化。数据显示，其实狗狗们很懂我们人类的语言，它能理解人所说的话，更善于察言观色，体察人的情绪和期望。

尽管如此，正如 2012 年尼伦伯格和雷诺德所指出，人口爆炸性增长会导致"野生"动（植）物种群大规模灭绝或减少，为满足人类消费需求而饲养的动物数量则会急剧增长。历史告诉我们，中产阶级崛起后，肉类消耗量激增，饲养动物的数量大大增加；而且当然动物的居住环境也很差，这都是因为人类想要获得取得肉类、牛奶、纤维和其他所需物资。同时，美国和其他地方的宠物型动物的数量大幅增多，人们对待宠物也越来越好。因此，动物可以说是活的"储备"，而家养的动物不再是商店里的"存货"，因为人们也会把动物当成家庭中的一员，定期带它去看兽医，去宠物乐园和外出溜达。野生动物的数量正大幅减少。

3.3.1 野生动物数量大幅下降

据调查，地球上濒危的或有濒危风险的动物和鸟类达 5000 多种，其中一些动物的情况如表 3.1 所示。

表 3.1　《国际自然保护联盟濒危物种红色名录》的濒危物种

● 北极熊 数量：全球现存 20000～25000 只。 物种状态：受威胁。 趋势：极有可能因为气候变化引发的北极海冰和大陆架冰融化而导致栖息地减少，以致数量下降。
● 大熊猫 数量：在野外有 1000～2000 只。 物种状态：濒危。 趋势：栖息地减少导致数量持续下降。
● 灰熊 数量：在美国 48 个州共有 500 多只，大部分在大黄石国家公园地区。 物种状态：《濒危物种法》（Endangered Species Act，ESA）中的受威胁物种。 趋势：数量上升。几十年前，灰熊的数量降到了历史最低点，140 只。《濒危物种法》于 2008 年解除了对灰熊的保护，但在环保组织提起诉讼后又于 2009 年恢复保护。
● 野牛 数量：有 19000 头平原野牛和 11000 头森林野牛生活在保护区内（商业饲养的野牛不包括在这些数字中）。 物种状态：近危。 趋势：19 世纪时，在保护措施实施之前，野牛已被猎杀至濒临灭绝。将该物种定为近危状态是因为只有对野牛（又称水牛）种群进行管理，才能确保该物种的生存。

续　表

- 野生（双峰）骆驼

数量：600 只在中国，350 只在蒙古。

物种状态：极危。

- 单峰骆驼

数量：在其他野生环境中已灭绝，但在澳大利亚还有一定数量的该野生种群。

- 猎豹

数量：全球现存 7000～10000 只。

物种状态：易危。

- 黑猩猩

数量：全球现存 150000～250000 只。

物种状态：濒危。

- 倭猩猩

数量：全球现存 30000～50000 只。

物种状态：濒危。

- 加州秃鹰

数量：全球现存 130 只。

物种状态：极危。

- 安第斯秃鹰（它拥有世界上最宽的鸟翼幅）

数量：未知。据说它因捕杀牲畜而招致人类捕杀，因此数量下降。

物种状态：接近受威胁。

- 南亚河海豚

数量：全球少于 1000 只。

物种状态：濒危。

- 白鳍豚（或称长江河豚）

数量：多年未见。可能是第一个灭绝的鲸类动物。

- 亚洲象

数量：全球现存 40000～50000 头。

物种状态：濒危。

- 非洲象

数量：全球现存 470000～690000 头（据世界自然基金会的统计数字）。

物种状态：接近受威胁。

续　表

• 山地大猩猩 数量：全球少于 700 只。 物种状态：濒危。
• 谷氏大猩猩 数量：全球少于 16000 只。 物种状态：濒危。
• 低地大猩猩 数量：全球现存 90000 只。 物种状态：极危。
• 远东豹 数量：这种与西伯利亚虎共属喜寒习性的豹亚种在全球仅存不到 40 只。 物种状态：极危。
• 雪豹 数量：全球现存 4000～6600 只。 物种状态：濒危。
• 云豹 注意：多个亚种。
• 非洲狮 数量：全球范围内估计有 30000～50000 只。 物种状态：易危。
• 亚洲狮 数量：在印度的一个地区仍然生存着 350 只亚洲狮。 物种状态：濒危。
• 苏门答腊猩猩 数量：全球现存大约 7000 只。 物种状态：极危。
• 婆罗洲红毛猩猩 数量：全球现存 40000～65000 只。 物种状态：濒危。
• 佛罗里达黑豹 数量：全球现存大约 80 只。 物种状态：在《濒危物种法》中被列为濒危物种。

续表

• 白犀牛（非洲） 数量：全球现存17000只。 物种状态：接近受威胁。
• 黑犀牛（非洲） 数量：全球现存3500只。 物种状态：极危。
• 印度犀牛（亚洲） 数量：全球现存2500只。 物种状态：易危。
• 苏门答腊犀牛（东南亚、印度尼西亚） 数量：全球现存300只或更少。 物种状态：极危。
• 爪哇犀牛（越南、印度尼西亚） 数量：全球现存60只。 物种状态：极危。
• 袋獾 数量：全球现存大约80000只。 物种状态：濒危。
• 孟加拉虎 数量：在全球少于2000只。 物种状态：濒危。
• 印支虎 数量：在全球少于500只。 物种状态：濒危。
• 马来亚虎 数量：在全球少于500只。 物种状态：濒危。
• 苏门答腊虎 数量：在全球少于500只。 物种状态：极危。

续　表

• 西伯利亚虎 数量：全球现存大约500只。 物种状态：濒危。
• 华南虎 数量：多年未见。数量可能为0。 物种状态：极危。
• 蓝鲸 数量：全球现存10000～25000只。 物种状态：濒危。
• 北露脊鲸 数量：在全球大约350只。 物种状态：濒危。
• 北太平洋露脊鲸 数量：在全球少于1000只。 物种状态：濒危。
• 抹香鲸 数量：20世纪初的数量超过1000000只，现在的数量可能少于400000只。 物种状态：渐危。
• 独角鲸 数量：在全球超过80000只。 物种状态：接近受威胁。
• 白鲸 数量：在全球超过150000只。 物种状态：接近受威胁。
• 灰狼 数量：在美国48个州范围内，包括大黄石国家公园地区在内的北部落基山脉约有1600匹，明尼苏达州、密歇根州和威斯康星州约有5000匹。 物种状态：最近被从蒙大拿州和爱达荷州的《濒危物种法》中移除。
• 红狼 数量：全球范围内现存大约100匹。 物种状态：濒危。

续 表

| • 细纹斑马
数量：全球范围内现存大约2000匹。
物种状态：濒危。 |
|---|
| • 海角山斑马
数量：全球范围内现存大约1500匹。
物种状态：渐危。 |

*除非另有说明，所有濒危物种的现状信息和种群数量均取自《国际自然保护联盟濒危物种红色名录》。列表按通用名称排列。摘自《关于野生动物的一切》，2009年。

如果说野生动物正在灭绝，那么农场动物的数量正在大幅增长。现在很多动物都是大规模饲养。如表3.2所示，全球现存14.28亿头家牛，数量上比1970年的10.81亿头增加不少。到2050年，牛的数量可能会增长到26亿头，这会造成巨大的环境问题。这个表格显示在2010年有267亿只动物可供人类食用，而且这个数字还在上升。

表3.2 全球农场动物数量（1970—2010）

	1970	2010	增长率（%）
	（单位：亿）		
水牛	1.07	1.94	81
骆驼	0.16	0.24	50
家牛	10.81	14.28	32
山羊	3.77	9.21	144
猪	5.47	9.65	76
绵羊	10.63	10.78	1
鸭	2.56	11.87	364
家兔	1.36	7.69	465
火鸡	1.78	4.49	152
鹅	0.54	3.59	565
鸡	52	194	273
总计	90.15	267.74	197

*数据来源：联合国粮食和农业组织统计数据库（2012年2月23日更新）。摘自D.尼伦伯格、L.雷诺德：《农场动物数量持续增长》，2012年。

3.3.2 对休闲、旅游与体育的潜在影响

一般来说，物以稀为贵。动物的大量减少使动物猎杀变得更加有利可图，因此法律对此类活动的管控也更加严格。在有濒危野生动物的旅游区里，偷猎者获利的可能性越大，被告发的可能性也就越高。因此把猎杀濒危动物视作一种"体育运动"的看法将受到挑战，20世纪的大型猎杀游戏是被视为邪恶和过时的。不幸的是，尽管很多人为了让这些笼子里的动物活下来付出了巨大的努力，但它们中的大部分终究没能逃脱灭亡的命运。

3.4 超负荷的世界承载力

根据1970年欧利希和霍德伦的研究，可用一个简单的算式来评估人类对环境的影响：

$$影响 = 人口数 \times 富裕程度 \times 科技水平$$

很明显，比消费水平的上升更为严峻的问题是人口的增长。例如，根据2007年吉尔巴德发表的研究，世界上7%的最富有人口排放出大约50%的二氧化碳，而50%的最贫困人口只有7%的排放量。

在食品生产方面，制造人造肥料时需要天然气中的氢元素，这也导致世界人口大幅度增长。

据韦斯曼发表于2013年的研究可知，在人造氮肥广泛使用之前，世界人口数量约20亿。即使我们决定暂停或不再使用人造氮肥，世界总人口还是会持续增长。为了让增长的人数与所需的粮食量相适应，到2020年，粮食产量的增速应该达到每年1.6%。在未来的50年里，我们需要生产出与人类历史粮食消耗总量一样多的食物。

3.5 大量新污染源的出现

由于少数政府和公司在推行化石燃料大型项目时没有考虑其对人类健康的影响，世界气候出现了混乱。虽然从2015年开始，碳排放量保持稳定（尽管该数据不可持续），但新开发的项目将再次增加碳排放量。根据2013年绿色和平组织的发布，这14个项目包括：

- 澳大利亚。到2025年，煤炭出口量比2011年同比增长4.08亿吨。一

旦这些煤炭全部燃烧，相应产生的二氧化碳排放量将以每年 12 亿吨的数量增加。到那时，澳大利亚出口的煤炭所产生的二氧化碳排放量将是澳大利亚国内能源使用排放总量的 3 倍。

- 中国。到 2015 年，中国西北部省份的煤炭产量增加了 6.2 亿吨，2017 年，中国仍在加建煤炭发电厂。
- 印度尼西亚。印度尼西亚正计划大规模扩大加里曼丹岛的煤炭出口量，2020 年，该国 1 年的二氧化碳排放量将增加约 4.6 亿吨，这将对当地人民和热带雨林的生长环境造成严重的影响。
- 加拿大。到 2035 年，艾伯塔省焦沥青砂产出的石油产量将增加 3 倍——每天从 150 万桶增至 450 万桶，这导致全球二氧化碳的年排放量增多 7.06 亿吨。到 2020 年，沥青砂基地扩建后使得二氧化碳的年排放量增加 4.2 亿吨，相当于沙特阿拉伯 1 年的二氧化碳排放量。值得一提的是，加拿大政局的调整可能促使艾伯塔省增加太阳能的使用。
- 北极。北极地区生态环境脆弱，石油公司却计划利用该地区的浮冰，每天生产 800 万桶石油和天然气。尽管技术上困难重重、环境风险巨大，但如果未来该计划取得成功，到 2020 年，全球每年的二氧化碳排放量将增加 5.2 亿吨——相当于加拿大全国的二氧化碳总排放量。此外，到 2030 年，碳排放量将增加 12 亿吨。
- 巴西。巴西计划每天从巴西海域开采高达 400 多万桶的石油总量，到 2035 年，这将使全球二氧化碳年排放量增加 6.6 亿吨。
- 墨西哥湾。2016 年，该地区新增的深水石油钻探每天生产出 210 万桶石油，而且未来很可能还会增加。
- 委内瑞拉。到 2035 年，奥里诺科地区的沥青砂每天将产出 230 万桶新石油，2020 年将增加 1.9 亿吨二氧化碳排放量。
- 美国。到 2035 年，美国新增生产线产出的页岩气年产量将达到 3100 亿立方米，到 2020 年将增加 2.8 亿吨二氧化碳排放量。
- 哈萨克斯坦。到 2025 年，里海的新增生产线将每天输送 250 万桶石油，2020 年将增加 2.9 亿吨二氧化碳排放量。
- 土库曼斯坦、阿塞拜疆和哈萨克斯坦。到 2020 年，在里海的生产线将输送 1000 亿立方米天然气，从而增加 2.4 亿吨二氧化碳排放量。
- 非洲。到 2015 年，非洲新增生产线可提供 640 亿立方米天然气，到 2035 年将产出 2500 亿立方米天然气，2020 年的二氧化碳排放量将增加 2.6 亿吨。
- 伊拉克。2016 年，伊拉克新增生产线的石油产量达到 190 万桶/天，到 2035 年将达到 490 万桶/天，到 2020 年将增加 4.2 亿吨二氧化碳排放量。

大量的证据表明：风能、太阳能、氢能源以及许多其他能源都很有竞争力。例如，苏格兰已经能提供足够的风能来满足苏格兰所有家庭的能源需求。

如果支持以上项目的政府能够帮助地球避开碳排放增加这条不归路，那么，由此产生的气候混乱是可以避免的。可喜的是，现在已经出现了避免这些项目产生碳排放和减少全球总排放量的技术。

3.6 未知的承载力上限

1999年韦尔林和尼尔指出，过去人们认为，只有先估算出旅游地和娱乐场所的承载力，然后采取有效的规划、操作、控制等缜密的执行流程，可持续发展目标才能实现。然而，越来越多的研究人员发现这种方法难以奏效。承载力的高低取决于目的地的性质、产品类型、游客的态度和行为、目的地所处的阶段和状态、开发商的做法、目的地社会经济和自然环境的适应能力等诸多因素，因此很难界定环境承载力上限。许多西方学者不再考虑旅游地的具体承载力这一说法。1997年，巴特勒认为，即使计算出了一个结果，也不能如实地表示出在特定时间内某一旅游地的游客峰值。此外，即使承载力上限值能够确定，也很难找到清晰且有效的实施方法。因此，2001年麦库尔和莱姆指出，有关承载力的主要问题已经从对"太多是多少"的界定，转变为在旅游地自身发展的情况下，人们对自然环境变化的接受程度。因此，近来西方学者提倡采用几个成熟的决策框架，如可接受改变限度（Limits of Acceptable Change，LAC）、游客影响管理（Visitor Impact Management，VIM）、游憩机会范围（Recreation Opportunity Spectrum，ROS）、游客体验及资源保护（Visitor Experience and Resource Protection，VERP）以及旅游管理最佳模型（the Tourism Optimization Management Model，TOMM）等。

很多学者和政府还没有完全意识到承载力的理论与实践方面的局限性。从理论上说，该领域的大多数研究人员仍热衷于计算出具体的承载力。他们极力验证旅游目的地的生态、社会、理解感知、安全和空间层面上的限制性因素。实际上，尽管政府已经认识到承载力的重要性，但并没有在实施流程的具体细节方面出台相关政策。相反，在美国，更大的问题是煤炭和石油公司发起了反科学运动。尤其是美国的科氏工业集团（Koch company）没有将全球气候变化给环境带来的灾难性影响及时告知公众。而且中小学教师还间接参与了化石燃料产业的游说和宣传工作，因为他们平均每年只花1到2天的时间来讨论气候变化，而且还经常将此问题当成假设，而不是看作现实的科学问题来与学生讨论。

3.7 过时的汽车和飞机

如今人们在旅游或出差时都会选择飞机或汽车出行。美国大型的石油公司及轮胎制造商已收购现有的有轨电车、公共汽车及火车等交通体系,然后将它们一一拆分,以此增加人们对汽车出行的依赖。而在经济全球化的今天,人们更多地选择飞机出行,但飞机造成的污染十分严重。如果一个人从纽约飞到洛杉矶旅行,那么在这一趟旅程中会向大气排放 1 吨二氧化碳,而一架这样的飞机通常可容纳数百人。尽管实验机和太阳能飞机的油耗更少,但为了赚钱,航空公司还是会购买一架昂贵的飞机,然后飞上数百万公里。因此,如果不大力施行监管和激励措施,释放污染物的飞机仍会持续飞行几十年,最终导致环境恶化。吉尔指出:

> 美国能源部指出,飞机引擎内部的燃油损耗达到了 62.4%,途中进行中转和经停时飞机的燃油损耗达 17.2%,动力传动系统内部消耗 5.6%,附件功率消耗 2.2%,仅剩 12.8% 用于机轮驱动。其中,轮胎的滚动阻力消耗 4.2% 的能量,空气阻力消耗 2.6%。最后仅留下 5.8% 的惯性消耗(如移动的汽车),刹车制动系统产生的阻力与惯性产生的推动力完全相抵,最终惯性产生的动力转变成毫无用处的热量。
>
> ——吉尔《如何计算一辆行驶的汽车的能源流失》
> (*How to Calculate Energy Loss in a Moving Car*, 2014)

其中,在这 5.8% 的惯性中,大部分的能量都用来推动汽车前进,而这并不是驾驶员的功劳。如此看来,汽车的能源使用效率非常低。以汽车目前的功率消耗模式来看,汽车很可能不会成为未来的主要出行工具。但目前大多数国家都仍将汽车视为当今及未来社会的主要出行选择,因此如果不彻底改造汽车的设计及排放系统,地球终将步入绝境。

还有一个问题:老化的大批汽车该如何处理?根据 2014 年吉尔的研究,在加利福尼亚州,低效能汽车仅占 10%,然而其所产生的空气污染占了总污染量的一半以上。随着各国大批汽车的老化,汽车产生的空气污染将成为一大难题。此外,许多旧的二冲程发动机驱动型卡车、拖拉机和其他燃油效率低的车辆会从排气管中排出烟尘,这更加恶化了本就让人窒息的空气。禁止该类汽车上路或选择使用清洁能源的交通工具应成为公共政策的头等大事。即便如此,在接下来的几十年里,禁止燃油效率低下的汽车上路仍是个问题。如果氢动力汽车的研发和生产没有突破性进展，那么人们的自由出行肯定会因为环境污染而受到限制。

3.7.1 氢动力汽车

人们正在对汽车的设计进行革新，但这还需要时间。印度汽车厂商塔塔汽车公司已研发出一款依靠压缩气体驱动的新型汽车。根据2014年汽车销售网站（Auto.com）的信息，日本丰田汽车公司开始销售一款氢能源汽车。丰田公司推出的一款由氢燃料驱动的汽车在美国加利福尼亚最先上市。此外，经加利福尼亚州政府批准，他们计划投入2亿多美元的资金，用于建造大约20个新能源加油站，到2024年将多达100个。氢动力汽车分两种：一种是氢内燃汽车，另一种是通过氢燃料电池驱动的汽车。燃料电池会不断地供应燃料、氢和氧，使用这些燃料不会产生温室气体，几乎算得上是零污染。2014年吉尔指出，排气管中会流出一点水，但绝不会释放出让人有窒息感或使全球气候变暖的物质。这项技术带来的影响是划时代的。政府应该想尽办法鼓励人们购买此类汽车，而且中国、印度等国家必定会在此类汽车的制造上成为领跑者。

我们还可以采取一系列措施来鼓励司机增加车载人数：鼓励拼车，或为车载人数多于1人的汽车提供专用车道，当然，还会有公交车专用车道。20世纪70年代，在去英国谢菲尔德的一次旅行中，一位朋友带我坐上了当地的公共汽车，我们看到干净、崭新的公共汽车在市区来回穿梭。坐在公交汽车里，我还能听到音乐。政府对公交行业进行资助，因此车上没有设收款的钱箱，以此来鼓励人们乘公交出行。公交车上的座位坐起来也很舒服，车窗很大，可以看到窗外风景。所以从某种程度上来说，乘坐公共汽车本身就是一种休闲活动。在中国，试想一下以下两种情况：第一，一个人坐着干净的免费巴士；第二，一个人正开着车，路上严重拥堵。请问：以上哪一种情况下人会更焦虑？答案是不言而喻的。中国只有使用更多的集体出行工具，才能让街道回归到休闲用途上来。与其他出行方式相比，乘坐通达各处、清洁而又现代化的公共汽车会更经济实惠。如果人们可以免费坐车，同时使用多个车门上下，那么公交车出行会更快捷。

在许多发展中国家，使用电动车出行更为高效。太阳能驱动的小型车辆适用于短距离出行。共享单车、步行道以及其他类似出行方式都应得到支持，因为这些不需要移动重达2吨的金属和塑料制品，而只为送一人出行。

3.7.2 一周四天工作制

"要回街道"的另一大难题则是一周四天工作制的普及。如果选择不开车去上班，那不外乎有以下两种上班方式：居家办公或步行上班。中国有不少知名学者和专家都提倡一周四天工作制，但是该制度还没有执行。倘若我们效仿韩国公司（员工规模超1000人）的做法，将每周工作时间缩减至40小时，那么社会失业率可能会下降，一周内有5～6天选择开车去上班的职员人数也会随之减少。

3.7.3 对休闲、旅游与体育的潜在影响

全球气候变化从根本上改变了休闲行为。2010年戈斯林、霍尔等指出，旅游要考虑的重要因素包括气候、自然环境、旅游目的地的形象、个人安全以及旅游成本等，而全球气候变化预计会对上述因素产生极大的影响，这导致消费者在旅游需求方面会发生翻天覆地的转变。越来越多的证据表明：气候变化，尤其是高排放量，将会在未来几十年内从根本上改变全球旅游业。

此外，气候也会对出行环境产生重要影响，比如疾病、火灾、昆虫或水生害虫（如水母和藻类），以及极端天气事件，如热带飓风或旱灾等。所以旅游业在开发旅游资源和管理风险时都需将气候因素考虑在内。气候变化带来的综合性影响和极端天气的变化将对旅游业和旅游目的地产生深远影响。

体育方面，许多冰雪运动将不复存在，或费用更高，或活动受限。例如2015年梅利诺在《气候变化如何影响加利福尼亚旱情下的滑雪业》（*How Climate Change Impacts Skiing Industry in Drought-stricken California*）一文中指出，现在瑞士等国家的滑雪运动受到了雪量不足和融雪时间过早的影响。许多滑雪场和溜冰场可能会转型，改成其他休闲运动的场地。

> 提到美国加利福尼亚南部城市的时候，你可能不会联想到滑雪，但是当地确实拥有几个滑雪胜地。位于圣盖博山脉2400多米高的地方，有个沃特曼山滑雪场，它自称离洛杉矶最近，但今年该滑雪场并未开放。如果滑雪场今年仍不对外开放的话，那它就已经连续闭场四年了。
> ——梅利诺《气候变化如何影响加利福尼亚旱情下的滑雪业》

而且，有些船坞可能会因为水量不足而无法营业，而另一些则会因为水量太大而无法正常运行。船主的船可以开走，但船坞却搬不走，只会逐渐被人遗忘。

3.8　澳大利亚：一个身处气候变化中心的国家

谈到气候变化给体育活动带来的影响，澳大利亚就是一个活生生的例子。观看2015年澳大利亚网球公开赛时，我惊讶地发现，出于对运动员及观众健康方面的考虑，澳网主办方公布了一项极端高温应对政策，如果天气太热，温度太高，比赛将会暂停，这可能直接导致赛事难以继续进行。2014年的澳大利亚网球公开赛中，在44℃高温的炙烤下，网球运动员接连出现头晕、抽筋和虚脱等身体问题后申请暂停比赛。2015年基利塞克指出，这些情况已经够糟了，但如果科学家预测的结果含糊不清，情况可能会更糟。

从体育角度来分析气候变化的影响有助于深化人们的认识。气候研究学会2015年的数据表明，考虑到体育活动给美国和澳大利亚带来了丰厚的财政收入——澳大利亚每年由此获得130亿美元的财政收入——我们认为政府还是会重视体育活动。

> 气候变得越来越糟糕，随着全球变暖加剧、酷热天气增多、降雨量变化和风暴愈加猛烈，人们不知道专业运动和民间运动还能走多远？气候研究学会首席执行官约翰·康纳表示："人们对运动方式以及观看赛事的安全性和可持续性心存疑虑。"
>
> ——气候研究学会《全球变暖，澳大利亚体育遭遇高温》

再举一个冬季运动的例子："20世纪里16个冬奥会的主办城市中，有9个城市已无法再度确保，到21世纪末会出现适宜的降雪条件。"

总的来说，提高环境的适应能力要花费巨额的经济成本。但为了确保这些投入的有效性，2015年气候研究学会建议，我们在建设重大体育基础设施项目时，应充分考虑天气带来的风险。不管这些场馆是用于职业运动还是休闲活动，保护国民休闲的措施都应该根据地区气候的发展来进行灵活调整（见图3.1）。

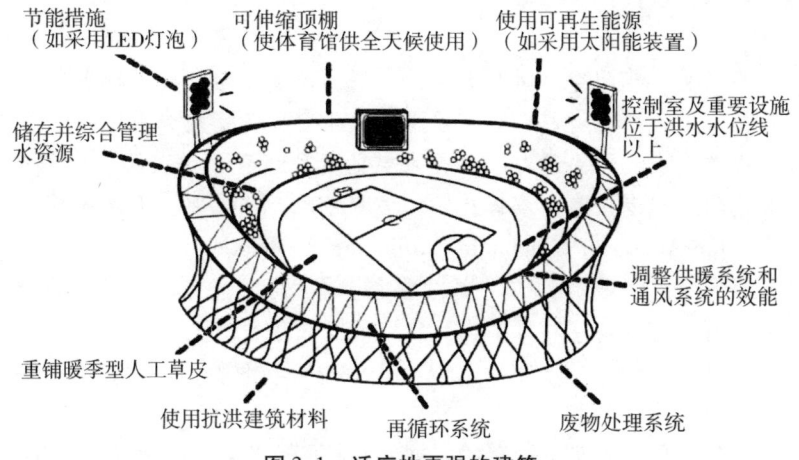

图 3.1 适应性更强的建筑

* 为应对极端天气,澳大利亚的体育场馆和其他运动场地正在进行各种调整。本图展示了部分常见的调整内容。图片来源于气候研究学会:《运动与气候的影响:体育运动能承受多高的温度?》,2015 年。

3.9　食品革命:工厂化养殖的衰败

什么是高质量食品?食品本该是什么样?这类涉及食品生产方面的问题正发生着变化。越来越多的天然食品被加工食品所取代。"加工"二字意味着将天然植物中的水分吸干后进行重新配置。人们对动物的身体部位也进行二次改造,炸鸡块中含有磷酸铝钠(与阿尔茨海默病有关)、聚二甲基硅氧烷(用作消泡剂,通常用于填缝和密封的化工用品)和特丁基对苯二酚(一种提炼自石油、类似丁烷的化学物质,这是一种可以用作防腐剂的液体)。2013 年库克指出,特丁基对苯二酚与哮喘、皮肤问题、激素干扰相关,同时也用于癌症和 DNA 损伤的动物研究。

世界对于"好食物"的理解产生了巨大变化,本书将在接下来的部分对其中原因展开讨论。

粮食生产是气候变化和地球遭到破坏的主要变量。而人们摄取的食物又是影响其健康状况的一个主要变量。对政府和保险公司来说,如果由农业企业生产的食物引发了健康问题,他们很难承担这个责任。

动物权利保护运动正在兴起,在本地种植粮食已经发展成一种社会运动。目前,美国有 8000 多个农贸市场,每年正以 10% 以上的速度持续增加。社区花园也越来越受欢迎：

> 不管是将花园交给所有者自行打理，还是交给公共机构或非营利性机构管理，土地所有者通常都会被要求每年支付一定的费用，并遵守相应规定。许多花园会作为派对和社交聚会的场所而开放给公司、组织或个人。社区花园组织者认为，培育社区和培育蔬菜一样重要。正如美国社区园艺协会（the American Community Gardening Association，ACGA）所说："在社区园艺中，'社区'二字是摆在第一位的。"在新奥尔良和其他地方，社区花园是一种清理和维护废弃空地的有效手段。
>
> ——"美国的社区园艺"（维基百科）

同样重要的是家庭蔬菜园艺的发展。在美国，大约 1/3 的家庭都有这样一个花园，其中种植的许多蔬菜还是有机的。社区支持型农业（Community Supported Agriculture，CSA）鼓励人们购买当季蔬菜，以此来支持当地农民。20 世纪 80 年代，社区支持型农业传入美国。在此之前，欧洲、日本和其他地方也出现了类似的生产模式。

在养殖可食用动物方面，各个国家虽然在动物人性化管理方面进展不太均衡，但终究还是取得了一些进步。2015 年梅利诺说道："室内垂直农业（indoor vertical farming）常常被人们嘲笑，被认为是一种空想，而且绝不可能实现商业化运作。"然而，在日本，一家废弃的半导体工厂现已被改造成世界上规模最大的室内农场。

该农场占地面积达 2322.57 平方米，每天可产出 1 万颗生菜，比传统方法下每平方米生产出的生菜数量多出 10 多倍。2015 年梅利诺指出："与荧光灯的电力消耗相比，LED 灯可以发射出适合植物生长的电波，而且电力消耗减少了 40%，收成率提高了 50%。由于植物生长速度是室外农田的 2 倍，能耗降低了 40%，蔬菜浪费量下降了 80%，用水量减少了 99%"，因此建设室内垂直园艺还是大有裨益的。

美国费城的都市农场是美国第一个通过素食主义者认证的室内水培农场。它坐落在仓库二楼，在一个小空间里种植了草本植物、蔬菜、西红柿和其他各种作物，3.4 平方米大的空间内长了 120000 种植物。这里使用水培法生产蔬菜食品，因此种植过程中用水量很少。与传统型农场和有机农场相比，由于该农场的水资源可以循环再利用，其用水量减少了 98%，能源消耗减少了 82%。2016 年乔指出，如果在室外种植这些作物，可能需要 4000 多平方米大的空间。

这些重大创意的产生意味着蔬菜不用从数百公里以外的地方拉来，而是以最新鲜的状态被直接运往超市、餐馆或私人家中。

食物生产是气候变化和地球遭到破坏的主要变量，食物也是决定环境状况的一个重要变量。例如，吃牛肉对臭氧层、土地和人的健康都有巨大的负面影响。

> 据统计，全球范围内14%的温室气体源自农业。其中很大一部分来自甲烷，甲烷加快全球变暖的能力是二氧化碳的23倍。美国粮食及农业组织预计，到2030年，农业沼气产量可能增加60%。世界上15亿头牛和数以亿计的其他食草动物会排放出包括甲烷在内的几十种污染气体。空气中2/3的氨气都是由牛排出的。
>
> ——西尔弗曼《牛会像汽车一样污染空气吗》
> (*Do Cows Pollute as much as Cars*, 2015)

1头牛每天的甲烷排放量与1辆汽车的甲烷排放量相当。科技帮助人们用豆类生产人造肉和其他与动物肉味道、质地相似的食品，这可能会使素食者人数增多。表3.3显示，素食主义因国家而异，美国素食者的比率非常低，仅占1.9%。然而，超过10%的美国人说他们吃素或是纯素食主义者。由于餐馆提供了更多的素食替代品，食品生产商在超市里提供了更多的素食选择，科技也能研制出口感更好的代肉类食品，人们也会更容易改变饮食习惯。

表3.3　全球素食主义分布比例

国家	百分比	国家	百分比
澳大利亚	5.0	日本	4.7
奥地利	9.0	荷兰	4.5
巴西	8.0	新西兰	1.0～2.0
加拿大	4.0	波兰	3.2
中国	4.0～5.0	葡萄牙	0.3
丹麦	4.0	俄罗斯	3.0～4.0
法国	2.0	瑞典	10.0
德国	9.0	瑞士	5.0
印度	31.0～40	西班牙	4.0
以色列	13.0	英国	7.0～11.0
意大利	10.0	美国	1.9

* 数据来源于维基百科"各国的素食主义比例"。

3.9.1 对休闲、旅游与体育的潜在影响

出于消遣目的的吃饭和烹饪被认为是两种最普遍的休闲方式。人们在外聚餐时吃什么，烹饪时做什么，是精心准备还是随意选择，这都会对环境产生影响。因此，男性和女性最好都学习做饭，如果能学习一下如何种植食材，那就更好了。

> 几年前，和我同台演讲的一位女士是美国便利店协会的行政主管。她讲话非常直率："商店食品的出售是基于利润率和保质期（即食品变质前的时间期限）的"，那些都是高热量、没有水分的食物。她还说道："我们忠实的顾客群是年轻的蓝领男士，因为他们不会做饭！"
>
> ——杰弗瑞

对于素食主义者来说，学会做饭是十分必要的。打理花园和保存食物这两门技术也很重要。不论从哪方面来讲，快餐厅对环境危害极大，因为餐厅选用的食物中，很少有当地自产的。快餐厅所烹饪的动物中，有很大一部分都来自养殖场。人们吃了餐厅售卖的食物后很有可能会发胖或患上糖尿病，同时，餐厅还会制造出大量无法回收利用的餐饮垃圾。

与之相反的是，素食主义，尤其是纯素食主义会对环境产生重要的积极作用。例如：

- 与一辆丰田普锐斯汽车的碳排放量相比，素食饮食的碳排放量减少了近50%。
- 地球上30%的陆地被用来养殖食用性动物或种植它们吃的食物。
- 美国70%的谷物是喂给动物吃的。
- 亚马逊地区80%被砍伐过的土地都用来养牛。
- 生产1磅（约453.6克）动物蛋白所需的土地面积、化石燃料及水资源分别是生产1磅大豆蛋白所需的12倍、13倍和15倍。

* 数据来源于mercyforanimals.org。

人们在休闲场合的饮食习惯会对气候变化产生极大的影响。联邦政府支持肉类、玉米的生产和制糖业，却不支持健康的水果和蔬菜的生产，但是健康的蔬菜和水果能改善人的健康状况，降低能源消耗量、土地消耗量、甲烷排放量，同时也能降低医疗保健成本。

第 4 章 社会问题

4.1 女性地位的提高

世界上最重要的革命恐怕是全球占比 51% 的女性的传统角色之转变。女性角色变化的同时，男性所扮演的角色也相应地发生改变。这场革命在不同的国家以不同的速度在发生。这将会是一个漫长的过程，但现有的改变已经具有划时代的意义。

或许我们应该从一位杰出的人类学家麦尔文·康纳的描述开始说起：

> 由于人体细胞中染色体的关键部分会改变，基因突变也不是件稀奇事儿了。正常情况下，两个基因没什么不同，但在失调的情况下，基因是畸形的，萎缩到无法识别。其导致的结果是人的寿命变短、不同年龄段的死亡率更高、无生殖能力、脱发时间过早以及各种各样的大脑缺陷，进一步还会引发如多动症、行为失常、性欲高涨以及对外界和自我的过度攻击等。
>
> ——麦尔文·康纳《终究是女性：性、进化和男性集权的终结》
> (*Women after all: Sex, Evolution, and the End of Male Supremacy*, 2015)

如果说上一段是为我们的男性读者准备的，那么，下面这一段文字就是麦尔文·康纳对女性作出的评价：

> 女性在判断力方面更胜一筹。同时，她们的可信度、可靠性、公平性较高，工作上能与人和睦相处，偏见、偏执和暴力水平较低，这使她们在生物学上具有优越性。女性寿命更长，每个年龄段的死亡率更低，对大部分疾病的抵抗力更强，患上致命性大脑疾病的概率更小。当然，男女之间本质的区别在于：女性体内可以孕育出新的生命。从生物学角度看，怀孕会给女性身体造成巨大的压力，消耗大量的能量。男性在怀孕生子这件事情上只做了极小的生物学贡献，也许在不久的将来，没有男性的帮助，女性也能怀孕生子。

从这两种描述中，我们可以看出男性和女性的进化过程是明显不同的。人们为减少世界上的偏见所做的许多努力，都是为了确保不同种族、宗教以及男女之间的平等。但当我们静下心来想一想后发现：自然界内没有绝对意义上的平等。就算是同一个物种，其内部成员之间的地位也是不平等的。

> 在写这篇文章时，我对鸟笼里的麻雀观察了一番，试图找出这一群麻雀中到底谁先赢得食物。我发现，雄性麻雀比雌性麻雀先吃到食物。而且那些羽毛颜色鲜艳、体型稍大又做着危险的侦察工作的麻雀，存在巨大的生存劣势，因为相比于毛色单一的同伴，它们更容易被发现。自然界中没有"平等"二字，未来社会将在许多方面偏向女性一方。
>
> ——杰弗瑞

与女性相比，许多国家男性的受教育程度处于劣势地位。在知识经济时代，这一现象将改变很多关系。在21世纪初，美国女孩们在很多方面赢得了优势：

> 美国人在看待女孩和男孩的受教育程度以及他们的学业成就方面观念有些过时，他们认为女孩们在公立学校被忽视，处于被动状态，自尊心低下等，但事实上女孩在公立学校所取得的学业成绩远优于男孩，她们考上大学的可能性也更大。美国教育部数据显示：在公立学校，女孩们的成绩更好，参加高水平的数学和科学课程的可能性更高，学生会、荣誉团体、校报和辩论队中女生比例高于男生。女孩比男孩读的书多，在艺术和音乐能力的测试中表现更出色，出国留学的概率更大。男孩被停学、留校、辍学或卷入犯罪、酗酒或吸毒案件的可能性更大。男孩患多动症的可能性比女孩高出3倍多。虽然女孩中有自杀倾向的人比男孩多，但男孩自杀成功率已超过20%。1996年，女大学生数量达到840万，但男大学生的数量仅670万；到2017年，大学中女生所占比重远高于男生，女、男大学生数量分别达到920万和690万。
>
> ——霍夫·索莫斯《面向男孩的战争》
> (*The War against Boys*, 2013)

受教育水平高的女性的竞争力将会提升，与男性的薪资差距将被缩小，在未来家庭和夫妻生活中，女性有了更多的自由时间，因此，她们作为家庭决策者的中心地位将会提高。

事实上，向女性提供更高教育机会能实现双赢。女性接受高等教育后，出生率会降低。而这一点在处理人为造成的气候变化、食品供应、生活质量等问题上是一个至关重要的影响因素。与此同时，随着全球人口老龄化的加快，需要有一大批人去接替那些退休的人。受过高等教育的女性更懂得如何保养自己及家人的身体。

在休闲、旅游及体育运动面临的人口学问题中，最复杂的当属男女角色的改变。在讨论该问题之前，我们有必要对其生物学和社会学特征进行一些了解。不少男女差异都是人类在进化过程中遗留下来的产物，即男女间的差异与生俱来，而不是在各自的成长过程中形成的。例如，黛安·布鲁姆在发表于1997年的研究中提出，在出生之前，男胎儿的活跃度比女胎儿更高。更胜任体力活动这一特征贯穿男性一生。研究表明：小男孩和小女孩各自喜欢的玩具是不一样的——小男生喜欢玩具火车、汽车、玩具枪等，而小女孩则更喜欢布娃娃。1988年贝尔斯基和罗维内的研究表明，小黑长尾猴在选择玩具的时候也会出现类似的情况——雄性黑长尾猴会选择玩具卡车，而雌性黑长尾猴会选择布娃娃。这一发现证实了一个观点：相较于女性，男性会更多地参与运动和其他与体力相关的休闲活动。

许多研究人员认为，在人的一生中，男性在生理上更为脆弱。1998年克罗米指出，男性更容易屈服。而且，男宝宝似乎更缺乏同理心，男性面对身处困境的人的诉求，其反应也不如女性那么强烈。因为长久以来，女性一直扮演着照顾者的角色，她们似乎对外界和身边的人更敏感。事实上，女性的嗅觉更强，能听到更多的高音调的声音，触觉也更为敏感。

男性的平均体型比女性大17%。男性通常更有力量。人的体格和力量所产生的影响与人类的感知控制息息相关。然而，在体能控制方面男性可能被高估。普利策奖获得者、科学作家黛安·布鲁姆的研究表明，女性拥有更高的情商，她们会用情绪反应来调节人际关系，在巧用言辞、隐藏情感或保持沉默方面的掌控力远超男性。

考古学家唐纳德·格拉森认为，男人更容易情绪化，冲动起来可能以命相拼。传统上是男人养家糊口（尽管在许多部落文化中，搜集食物的责任由女性承担）。作为游牧民族，男性要冒险去陌生的地方捕猎野生动物，而女性则待在家中，照看孩子、做饭和收集柴火。

社会文化及基因遗传对塑造男性在休闲活动中的阳刚气质起到了一定作用。同时男性的历史角色以及因先天性优势而拥有的权力也是一个影响因素。从历史上看，许多发展中国家中的男人往往都是靠体力取得主导地位的。我们不免感到奇怪：如果男性的寿命不如女性长，那么男性占主导地位的原因到底是什么呢？是因为男人承担最危险的工作、涉及更有风险的事情、参与暴力犯罪、食用大量不健康的食品、酗酒和吸毒吗？抑或是因为社会给予的支持更少吗？正如克鲁格和戈德比在 2010 年所指出的，时至今日，在现代国家，关于谁占主导地位这一问题似乎更为复杂，在政治领域及职场上，男性仍处于主导地位，而且在休闲活动中还享有更多的自由。

世界经济论坛 2015 年的性别差距评估报告中，在对经济参与度和就业机会、受教育水平、医疗健康权、生存权和政治赋权（political empowerment）等变量进行衡量时，人们可以发现：

> 过去近 10 年里在作为研究对象的 111 个国家中，有 105 个国家的性别差距有所改变，而有 6 个国家的差距却在不断扩大。不管这些国家最初是在排名表的顶端还是底部，它们均在相对较短的时间内取得了进步，而这与个人收入毫无关系。但是在另一些国家变化的速度则相当慢甚至可以忽略。

根据这项报告可知，排名最低的 10 个国家中有 9 个是伊斯兰教国家。这些国家包括也门、巴基斯坦、乍得、叙利亚、马里、伊朗、科特迪瓦、黎巴嫩、约旦和摩洛哥。因此，妇女权利的命运主要取决于伊斯兰教国家在实际行动上做出的改变。美国和加拿大分别排在第 20 和第 19 位，不仅落后于几个北欧国家，还落后于保加利亚、尼加拉瓜、卢旺达和其他国家。北美在缩小性别差距方面不属前列，而是在扮演着跟随者的角色。世界上没有一个国家能将性别差距彻底消除，但五个北欧国家已完成了 80% 的工作。巴哈马、伯利兹、巴西、法国、圭亚那、拉脱维亚、纳米比亚和菲律宾等 8 个国家已经完全消除了两性在健康和教育方面的差距，但目前还没有一个国家能消除男性和女性在经济参与和政治赋权方面的差距。

关于两性在经济参与和就业机会的差距方面，有 17 个国家的缩小程度还不到 50%，其中有 11 个国家来自中东和北非地区，也门、伊朗、约旦、巴基斯坦和叙利亚排在后五名。还有 34 个国家仍低于世界平均水平。

政治赋权的差距是最突出的一个问题。只有在冰岛和芬兰，两性差距的缩小程度达 60% 以上。37 个国家的两性间政治赋权差距只缩小了不到 10%，其中有 10 个来自中东和北非地区，9 个来自亚洲和太平洋地区，4 个来自撒哈拉以南的非洲地区。也门、阿曼、卡塔尔、黎巴嫩和文莱等国在两性政治差距（the political gender gap）评估指数上的排名最低，缩小程度还不到 3%。还有 98 个国家的差距填补水平低于世界平均水平（按人口衡量），这其中就包括得分为 0 的文莱。

4.1.1 社会行为

社交在休闲活动中起了至关重要的作用。在人际关系方面，相较于女性，男性出现社交孤立的可能性更大，这对男性身体健康也会产生一些负面影响。大量资料表明：撇开婚姻状况不谈，女性比男性更有可能与朋友、家人建立广泛的联系。在解决问题时，女性更倾向于求助于自己的亲朋好友，她们也会长久地与朋友保持稳定的联系、互帮互助。例如：对女人来说，打牌更多的是为了维系朋友间的友谊，而不是为了赢钱。反之，对于男性来讲，当下正在做的事比社交、维系感情更重要，而这就是男性和女性在朋友相处模式上的不同之处。男性会在工作场合或类似于酒吧、咖啡厅和体育场等这样的社交场合里结识朋友。这类人际关系会随着时间的推移而发展，同时也能给双方带来一些好处，但这种关系往往不那么稳定，也维持不了多久。通过结婚或找到人生伴侣，男性会经历他们人生中最刻骨铭心的一段感情，而且他们也会从这段关系中受益，年龄越大，收获越多。2004 年 K. 戴维森在《为什么男生不能更像女生：年长男士的婚姻状况和社会联系》(*Why Can't a Man Be More Like a Woman? Marital Status and Social Networking of Older Men*) 一文中指出，无论是因病丧偶还是离婚，婚姻瓦解后的男性往往要面临的难题是在发展新的社交圈和维持现有的朋友圈之间进行抉择。

当然，这些特点反映出的是传统型男人的控制欲、成就观、独立观，而不是社会价值观。社会化是男女都要学习的重要内容。父母和学校老师都会强调男女差异。例如，在学校乐队里，男生和女生该学哪些乐器似乎都已经安排好了，比如女生适合学长笛，而男生适合学习打鼓。我们的文化不断教导男性要控制自己，一定要自己想办法解决问题，不能寻求他人的帮助，要靠自己的力量完成任务，必要的时候可使用武力，而且电视上、网络游戏中、电影里出现的那些暴力镜头也强化着这些观点，虽然它们的影响程度还不得而知。

> 总的来说，在人们成长过程中，特别是在青春期后期和成年早期观看电视中的暴力镜头和其后形成好斗性格，这两者间存在着微妙的关系。一些证据表明，暴力镜头看得越多的孩子攻击性越强，更有力的证据显示，观看媒体上的暴力镜头是攻击性增强的前兆。
> ——美国卫生总署署长《青少年暴力：一份卫生总署的报告》
> (*Youth Violence: a Report of the Surgeon General*, 2001)

4.1.2 荷尔蒙、性与婚姻

两性之间的很多差异都可以用睾酮水平来解释。尽管男性和女性体内都会产生这种激素，但男性的激素量要高 10 倍以上。睾酮水平高的人体型大，面部毛发多，体毛浓密，喜欢打破规则；而睾酮水平低的人则体型更小，面部特征更清晰明显，多消极情绪。1997 年布鲁姆在研究中提到："科学家们一致认为，在人类历史的初始阶段，就是这种荷尔蒙将男孩和女孩区别开来"。男性的睾酮水平非常容易受到环境的影响，男性在受到挑战或性欲高涨时，该激素水平就会升高；而遇到挫败时，激素水平就会降低。睾酮不仅使男性的攻击性和竞争力得到加强，而且还提高了男性低密度脂蛋白（有害胆固醇）的水平，患心脏病或中风的概率也随之增大。1998 年克罗米指出，女性在绝经之前，体内都会分泌大量雌激素和黄体酮，这降低了她们罹患心脏病、中风等疾病的可能性。然而，随着年龄的增长，女性的性激素分泌减少，性别差异也随之缩小。

激素水平的高低还会受到生活状况的影响。随着年龄的增长，睾酮水平会下降，但它也会随着生活压力的大小而上下波动。如果婚姻关系紧张，睾酮水平也会随之上升；而在一段稳定而又幸福的婚姻关系中，男性所产生的睾酮水平会下降。研究表明，在一夫一妻制文化中，雄性激素水平的进化差异没有那么明显，这一点也反映在两性体型大小的标准上，与 20 世纪出生的女性相比，21 世纪的女性个子更高。

在婚姻生活方面，睾酮水平高的男性结婚的可能性更小，婚姻也更难以维持。除此之外，关于理想型伴侣的品质问题，男性和女性关注点也不一样。在针对 33 个国家所做的研究中，男性和女性都表示：在寻找理想伴侣时，善良、聪颖是他们最看重的品质。而男性更看重女性的是年轻，其次则是美貌。布鲁姆在 1997 年的研究中指出，女性关注男性的条件则是财富、力量和稳重，因此，她们往往更倾向于找一个年纪稍长的男性作伴侣。

4.1.3 预期寿命与疾病

尽管两性之间的寿命差距缩小了，但男性的预期寿命仍明显短于女性。在现代社会，女性往往比男性长寿，致死的首要原因不再是传染性疾病或急性病，而是慢性病。男性的五大健康问题是心脏病、癌症（前列腺和肺）、心血管疾病、中风和抑郁症。总的来说，正如 1998 年卡梅隆和贝尔纳德所说，男性患心脏病的风险是女性的 5 倍。

尽管这些年来，人们在医疗保健方面已获得更多便利，但相对于女性，男性更少去看医生或参加养生保健类活动。克鲁格和戈德比在 2010 年提出，立即行动起来可以降低一个人患大多数慢性病的风险。也许因为女性被视为家人和自己健康的保护神，所以她们在健康问题上更为谨慎，更积极主动，也更擅长利用医疗保健服务。

但男性对食物就不那么讲究，他们常吃的都是一些高脂肪的红肉、外卖、速食食品、甜品，他们还爱喝酒。男性吃的食物会引发诸如心脏病、中风、糖尿病和各种癌症等疾病。2004 年 K. 戴维森指出，高热量、高碳水的食物会引发超重和肥胖问题，同时也有可能产生背痛、关节炎和胆结石等疾病。

男性不会像女性那么关注健康，所以他们受伤的概率也比女性高 3 倍。K. 戴维森指出，男性可能会更多地进行一些危险活动，例如服用非法药物、开车超速、参与暴力活动等。这些行为都可能缩短他们的寿命，同样对于那些从事危险而繁重的工作、探险或参与战争的人来说，他们的寿命可能更短。

各年龄段男性的死亡率均高于女性，预期寿命也更短。与女性相比，他们更少使用健康服务，生病时更容易推迟就医，并且很可能做出一些危害身体健康的行为，如吸烟、饮酒、暴力、超速驾驶等。

——K. 戴维森《为什么男生不能更像女生：
年长男士的婚姻状况和社会联系》

在美国，男性自杀率是女性的 3～5 倍。此外，联合国 2015 年的数据表明：全球凶杀案中，男性受害者比例占 80%，而男性行凶者的比例同样也占到了 80%。

4.1.4 教育

在一些国家中，女性受教育程度及其在教育上所取得的成就远超男性。但在很多国家，女性受正规教育的机会比男性少。根据 2015 年康纳的研究，女性接受教育的好处能概括为以下几点：

上过学的女生升级当妈妈的时间会更晚，所生孩子的数量更少，孩子身体更健康，受教育程度更高，她们自身和另一半的身体也会更健康，不太可能受到男人的虐待，一生中赚的钱也更多。上学带来的影响就像一剂良药，即受教育时间越长，影响就越大且能代代相传。原因就在于：受过教育的女性的女儿和她的孙女受教育程度会更高。

在许多国家，这种全球性差距正逐步缩小。例如，墨西哥 2010 年的人口普查数据显示，该国在高龄男女之间的文盲率差距非常之大，在 75 岁以上这一年龄段中，男性的识字率为 71.2%，女性识字率为 62.3%，相差 8.9%。60 岁至 74 岁年龄段男女识字率（83.3% 和 74.9%）的差距为 8.4%，45 岁至 59 岁年龄段的差距为 4.4%（93.1% 和 88.7%），30 岁至 44 岁年龄段的差距仅为 1.1%（96.4% 和 95.3%），15 岁至 29 岁年龄段的男性和女性的识字率均为 98.1%。

这一趋势是否意味着在未来女性的识字率将超越男性？答案似乎是肯定的。《墨西哥地理》中的数据显示，2010 年，对 6 岁至 15 岁儿童普查的数据表明，女性识字率（87.32%）已经比男性识字率（85.98%）高出 1.34%。

皮尤研究中心的洛佩兹和冈萨雷斯·巴雷拉发布于 2014 年的数据表明：在美国，与同族群男性相比，亚裔美国女性的大学入学率要高出 3%，白人女性高出 10%，黑人女性高出 12%，西班牙裔美国女性则高出 13%。

4.1.5 有偿工作和无偿工作

男性的许多健康问题都源于他们的职业。在北美，男性仍然是养家糊口的主力军。男性赚到的钱仍比女性多，由于薪水不错，人们就忽略了工作可能带来的风险。例如，煤矿工人、伐木工和高楼外墙清洗工等高危职业的从业者主要是男性，他们受伤的可能性高，死亡率也高。不过因为现在有 1/3 的已婚女性挣的钱比她们的丈夫多，所以未来男性成为养家主力这一趋势可能会被改变。

一个人对职业角色的选择决定了他能拥有多少空闲时间。过去那些在农场里工作的人，从早到晚都在干着一些零碎琐事，男女工作时间一般都很长。到了工业革命时期，男性离开农场来到工厂工作，随着金钱成为财富的基础，工厂制取代了土地所有制。男人们赚到了钱，这让他们获得了对女人前所未有的控制权。男性花在做家务和育儿这类没有报酬的工作上的时间比女性短一些。不过这种劳动分工在逐渐改变，尤其是平权运动大力呼吁要给女性平等的就业和薪资权。然而，2010 年克鲁格和戈德比指出，女性做的家务活还是多于男性，但随着女性工作时间延长，薪水上涨后，这一差异已降至最低程度。

通过调查男女利用时间的情况，我们发现，如今男性和女性休闲活动之间的差异并不是很大。调查的形式是：每个人把 24 小时内所有日常活动的开始和结束时间都记录下来。10 年间所做的三次同类研究表明：男性和女性消磨时间的方式越来越相似。1999年罗宾逊和戈德比指出,越来越多的女性将时间花在如工作赚钱、体育活动和旅游休闲等原来以男性居多的活动上,这一趋势很可能会持续下去。

相较于女性而言,男性在休闲活动中所表现出的竞争和必胜意识更强。这也在一定程度上反映出男性在进化过程中的生物特性,同时也体现出社会对男性竞争力的强化。社会鼓励男性在休闲时要不计代价,敢于冒险,积极上进,勇争第一。因此,高中校园里有超过1/3的足球运动员因在赛季中太拼命而负伤以致无法参加其中一场或几场比赛。由于社会对男性有此期望,这一现象也就再正常不过了。

我们的制度中缺乏对男性个人安全的教育。2005年法雷尔指出,导致男性过早死亡的情况共有10种。也许问题的另一方面是男性在外出旅行、尝试不同职业、参与高危活动、忽视家庭问题或责任等方面有更大的自由度。因为男性的角色和承担的责任会影响他们对休闲活动的选择,所以在成长过程中,他们被教导要有所成就。他们必须出人头地,赢得社会认可,而这种认可会让他们获得爱与赞赏。

4.1.6 休闲活动之比较

人们从国际化视角对休闲模式进行了研究,很明显,以亲近大自然为主的娱乐、体育及文化活动通常会对男性身心健康产生积极的影响。

比较不同国家间的休闲模式有助于我们更清楚地看待这个问题。2003年高蒂尔和斯密丁发现:美国人花在被动型休闲活动(如看电视、读书)上的时间排在第三位,仅次于日本和芬兰。此外,他们还对主动型休闲活动做了调查,发现在荷兰,男性在无偿工作、兴趣爱好和运动上花的时间最多,而美国的情况恰好相反。1988年至2007年美国的行为风险因素监测系统的数据显示,男性体能活动时间不足的情况有所改善。尽管目前还不清楚美国男性参与休闲活动的比率是否低于其他民族,但通常是年纪越大的美国人,花在休闲活动上的时间就越少,体能活动时间就愈发不足。但哈姆、克鲁格等人在2009年指出,一般来讲,年龄段在18岁至24岁的年轻人进行体能活动的时间最长,而65岁左右的老年人体能活动时间最短。

休闲活动有益健康,因此,我们应鼓励人们多进行休闲活动。男性在选择休闲活动的类型时,可能会结合自身的时间安排、健身器材、健身房、露天场地(如篮球场)或户外闲置地等因素来进行选择。此外,男性的生活状态(如精力的多少)、工作压力或家庭责任也可能会影响其在休闲活动上的时间投入。无论选择何种休闲活动,有总比没有好。2015年美国疾病控制与预防中心提出，为了健康，男性每周进行适当身体锻炼的时间至少要达到两个半小时。

4.1.7　对休闲、旅游与体育的潜在影响

虽然休闲活动在两性之间不存在绝对的差别，但还是有一些不同，这不仅仅涉及文化，还与基因遗传有关。与男性相比，女性参加的体育活动的类型更少，而且这个情况也不大可能改变。即使大家都说体育面前人人平等，但事实并非如此。女性自打在娘胎里就没男性那么好动，女胎儿的平均活动量低于男胎儿，女性也很少受到多动症的困扰。女性的合作精神普遍较强，而许多体育活动的竞争性高于合作性。但这并不代表积极参加体育活动的女性会越来越少，特别是那些生活在受宗教支配的国家里的女性。女性同样可以参加体育活动，她们的参与度很有可能还会提高——但不会与男性参与水平相当。自由选择并不会使人们参加休闲活动时，在年龄、性别等方面完全平等。美国《教育法第九篇修正案》规定了女性具有平等参加体育活动的权利，但公立学校提供赞助的唯一一项休闲活动中，男生参与度却高于女生，这看起来似乎颇具讽刺意味。2013年霍夫·索莫斯指出，在艺术、音乐、戏剧、学生会、舞蹈课和其他课外活动中，女生的参与度则更高。

另外，女性参与度较高的当属社交型休闲活动，这使得女性在休闲活动中的社交程度高于男性。在许多艺术活动中，女性的参与度高于男性。2009年美国国家教育统计中心对八年级学生做的一项调查发现，与男生相比，女生在音乐、艺术反应力和创造力方面能取得更好的成绩。2014年阿尔特·穆里和瓦扎诺对五大洲6岁至12岁的儿童进行了一项国际化研究，数据发现：男孩的绘画作品里出现车辆、武器和运动相关物体的次数更多，女孩的绘画作品则更加绚丽多彩。总的来说，性别差异主要体现在以下几个方面：第一，交通工具（男孩作品中车辆的出现次数是女孩作品里的两倍）；第二，武器（尽管只是有些男生的作品里会出现武器，但女孩的画作中完全不会出现）；第三，体育相关的图像（男孩使用运动类图像的可能性更大）。在主打颜色的选择上也会出现性别差异，男孩更倾向于不涂色，而女孩更喜欢冷暖色调搭配使用。

此外，女性在志愿型休闲活动和助人型休闲活动上的参与度更高。当然这些都是粗略的概括，但男女的休闲偏好并不一样，也不太可能一样。自然界中无"平等"二字可言，两性各自的休闲偏好也反映出这一点，并且这种不平等性可能会持续下去。

在过去十年里，女性的休闲模式更多的是对男性休闲模式的一种模仿。在一个女性占主导地位的世界里，休闲活动将会发生巨大的变化。男性参加的休

闲活动将会与女性的更加相似。运动，特别是像美式足球和曲棍球这类激烈运动，其参与度会有所下降。油画、素描、摄影、雕塑等视觉艺术活动的需求量会增加。许多休闲活动的社会属性将更加重要，这些休闲活动也将成为人们认识和帮助他人的一种手段。

男性在休闲行为和态度上与女性不太一样，但这种差异就像文氏图一样，虽然两个对称的圆圈中间会有重合的部分，但它们也有独特的区域，这就像两性差异。综上所述，男女休闲模式存在显著的差异，部分原因是基因遗传，以及社会对这种差异的不断强化。然而，在当今社会，男性和女性消磨时间的方式越来越相似。

涉及两性健康差异的一个关键性问题是：这些健康问题中，有多少是单纯的遗传问题，有多少是社会诱发的，又有多少是可以改变的？也许假以时日，科学能够帮助我们了解这种差异到底是源自遗传还是来源于社会。正如我们无法延长一天 24 小时一样，我们也无法改变基因特性，所以有必要对影响男性休闲模式的因素做深入研究。大多数国家出现了一些与性别相关的重要变化，包括出生率下降、父母的育儿分担率提高、结婚率下降、教育水平更高、体育方面的限制减少、女性预期寿命延长以及女性的媒体曝光率增加等。

2015 年戈德比的研究表明：虽然男性和女性各自花在休闲上的时间并不完全一致，但也越来越接近。这些变化意味着女性的休闲方式将会更加多元化，她们的休闲期望将得到更大程度的满足。同时，女性对休闲场所和服务提出了更高的要求，这表明女性将会在塑造休闲活动上发挥更大的作用。

4.2　后成长时代的开始

在 20 世纪，人们理所当然地认为经济增长是一件好事，而且这种趋势肯定会持续下去。涓滴经济学（Trickle-down economics）中有这样一种说法：潮涨众船高。然而，这是个谬论。目前，经济增长的成果只惠及极少数美国人和其他国家中的极少数人。例如，近几年美国经济增长所带来的大部分收益已经被前千分之一的那部分人收入囊中。对包括美国在内的许多国家而言，它们普遍存在的更为严重的问题是关于收入分配和对物质无止尽的需求以及钱越多越幸福的想法。如今物质主义大行其道，但事实上它并不会提升人们的幸福感。

在美国，人们都想通过不断追求物质的富足来实现幸福的生活。2012 年特文格、坎贝尔和弗里德曼的研究表明：近几代人，尤其是"婴儿潮"和"X 一代"[3] 之后出生的人比以往任何时候都更在意金钱、形象和名誉。2001 年坎纳的一项调查显示：每 14 名美国人中会有 1 人愿意为了 300 万美元去谋杀他人，还有65%的受访者认为他们愿意为赢得100万美元的奖金而选择去荒岛待上一年。

2000年，美国的迈尔斯对25万大学新生做了一项调查后发现：学生上大学的主要目的是赚取物质财富。从20世纪的70年代到90年代末，以实现梦想为目的去上大学的学生比例从80%多降至40%；而以赚钱为主要目的的大学生比例从40%上升到现在的75%。美国物质财富大幅增加，但这对人民的幸福感的获得几乎没有产生任何帮助。1976年美国经济学家提勃尔·西托夫斯基称之为"无趣的经济"，即人们无休止地追求舒适而毁掉了该有的愉悦和幸福。

2012年特文格等人的研究发现：物质主义与幸福感呈负相关关系。也就是说人追求物质享受的欲望越强烈，幸福感就越低。如果人们只能从"买买买"中获得幸福，并将获取物质财富视作人生一大重要目标，那么这些人的幸福感就很低。物质主义与许多类似抑郁症、自恋癖、偏执等严重的心理问题有直接联系。卡塞、瑞安指出：

> 物质主义和幸福感两者之间的关系非常复杂。两者既可以相辅相成，又可以相克相害。如果一个人由于崇尚物质享受而导致幸福感下降，那么他可能会为了获得外在的满足而变得更加现实。
>
> 相反，研究表明，相较于买车带来的满足感而言，像家庭旅游这种以丰富人生阅历为目的的消费会给人带来更多的幸福感，即使只是在脑子里想象一下这种场景也比想象一个具体物件更让人感到愉悦。
>
> ——卡塞、瑞安《美国梦的阴暗面：人生目标就是财富成功》
> (*A Dark Side of the American Dream: Correlates of Financial Success as a Central Life Aspiration*, 1993)

美国作家和散文学家爱德华·艾比曾说，"为发展而发展"就像"癌细胞"的生长。这种无止境的发展欲望导致沃尔顿家族拥有的财富与美国40%的下层人民一样多。虽然沃尔玛的一些员工的酬劳只有8美元/小时，还不含任何额外的福利，但沃尔顿家族拥有的财富相当于9000万美国人的财富总和。如果将沃尔顿的财富重新分配，都分给沃尔玛的员工，那人人都能过上舒适的生活，这样一来，也就没有发展经济的必要。

日本就是后成长时代的一个例子，它向我们展示了政府如何适应这种状况。日本经济几乎进入了停滞状态，还存在通货紧缩的问题，但日本人的生活质量仍旧很高。

在用来衡量个人和集体福祉的所有主要指标中，日本的排名均接近榜首。日本人预期寿命是世界上最高的，而犯罪率最低。日本人民享有良好的医疗保健服务和教育资源。

——卡拉贝尔《学会爱上经济萧条》
(*Learning to Love Stagnation*, 2016)

日本新一轮的思想浪潮关注的是"去增长"（degrowth）。如今，日本及其他地区的很多畅销书都在讲述如何削减开销，把钱花在生活必需品上，而不是靠着无休止的"买买买"来寻找幸福感。

也许世界上大部分地区制造业的模式与实际需求相反。与沃尔玛售卖的大量价格低廉、质量差的产品相比，做工精良、经久耐用的商品更有价值。一个男人可能有三件衬衫，每一件都经久耐用，已经洗过好几百次。一个小孩有一辆自行车，它可以根据孩子个头的变化而调节高度。与其买一个使用寿命不到1年的便宜灯泡，还不如买个能用上10年的电灯泡，虽然贵点儿，但这笔钱花得更值。

北美洲国家深陷极端物质主义的泥潭，中国能跨越这个阶段吗？印度能吗？尼日利亚呢？日本的模式可能适用于世界上很多地区。在这种模式下，世界不再是一个购物中心，而是着眼于每个人的实际需要。

也就是说，我们不应过分痴迷于物质财富，因为只有这样，我们的幸福感和健康状况才会有所改善，但也有可能出现经济增长放缓或经济停滞的现象。但是，我们应该牢记：不管人们是否摒弃了物质主义转而支持开展休闲活动和体验有意义的生活，经济增长的脚步终究还是会放缓。摩根士丹利投资管理公司的新兴市场和全球宏观经济负责人拉希尔·夏尔马提醒我们，仅人口因素就能限制经济发展：

1960—2005年，全球劳动力以每年1.8%的速度增长，但2005年以来，增长率从过去的1.8%下滑至1.1%。由于世界上大部分地区的生育率持续走低，在未来几十年内，劳动力数量的下滑程度将更为严重。但在尼日利亚、菲律宾等少数国家，劳动力数量的增长势头却很强劲。美国劳动力数量的增长速度也异常缓慢，与1960—2005年期间的1.7%相比，过去10年其劳动力增长率仅为0.5%。中国和德国等国家的劳动力增长速度也正在减缓。

——拉希尔·夏尔马《萧条时期的人口统计学》
(*The Demographics of Stagnation*, 2016)

这给世界经济带来了显著的影响：人口增长率每下滑1%，经济增长率就相应地下滑约1%。在经济危机发生前，劳动适龄人口数量就已开始走下坡路，而这一趋势明确告诉我们，为什么自经济危机以来经济复苏状况差强人意。政府可采取激励措施来鼓励生育，吸引更多的年轻人加入劳动力大军——尽管很多人已经加入进来，但这并不能完全填补劳动力空缺。最终，世界可能要做好准备，迎接经济发展缓慢带来的挑战。

自动化革命已经开始，机器人的出现可能会缓解人口下降造成的威胁。因为适龄劳动力人口减少，机器人确实能替代人的一些工作。但不管怎样，在未来，很难找到相当的劳动力数量来保证经济的快速增长。

——泰勒《下一个美国》

4.2.1 对休闲、旅游与体育的潜在影响

很多让人身心愉悦的休闲活动并不需要消耗大量的物资，如唱歌、打牌、散步、下棋、烹饪、骑自行车、玩一把旧吉他等。人们乐在其中，既不需要花很多钱，也不需要准备太多物品。

但主要的问题在于：人口大国是否会效仿西方国家的休闲模式？西方人的休闲给了他们一个炫富的机会，一个可以使他们在能力和资源方面体现优越感的机会。从这一点来看，美国的休闲模式成本巨大，内容繁杂，不建议效仿。

4.3 目前激烈的教育竞赛

全球正在进行一场竞赛——教育竞赛。这是人们对教育和幸福感的水平及形式的重新认识。更好的教育造就素质更高的、更见多识广以及参与度更高的国民。他们觉得个人的未来和国家命运息息相关，从而将这些想法落实到行动上去。相较于以往，新兴经济国家里有很多工作对科学、技术、语言和人际交往等方面的能力要求更高。机器人正在取代制造业的工作，农业所需的劳动力也在减少（这一点可能会有所改变）。中国正在以惊人的速度建立新的大学。新型世界秩序体系下，那些不给女性提供教育机会或主要靠死读书、读死书来普及教育的国家，将毫无竞争力可言。

1999年惠特克指出，从21世纪开始，"人们将大量的活动进行信息化处理，然后这些信息又被转化为实际行动，这种转换程度是史无前例的。"当

然，很多休闲模式都是如此。游客可以浏览他们理想目的地的网站，足球运动员可以研究与对手相关的影像资料，户外休闲者可以通过智能手机实时了解天气变化。因此，学习在生活中占据了重要地位，闲暇时间也少不了学习。

就美国的教育而言，再也不会出现诸如"美国是正规教育的引领者"之类的言论了。美国公立学校教师的工资比其他教育领先国家的教师要低，而且他们是根据工作年限而非工作业绩来计算工资。各州政府对各大学的资金投入减少，普及化的学前教育也消失了。职业学院和技校都使用陈旧的教学设备和老套的教学模式培养学生。大学学费高得惊人，招生名额少，学生课业负担重。2011年T.弗里德曼和曼德尔鲍姆指出美国教育有三个"肮脏的小秘密"。

1. 数量的差距

与其他国家相比，美国理工科专业的学生仅占很小一部分。2011年乔治·弗里德曼指出，有一半的美国科学家和工程师已是40岁或超过40岁。拿到理工科学位的年轻人比例急剧下降，目前在全球排名17，大不如30年前。美国移民政策实施不力，导致大量国外的理工科优等生无法移民到美国，这使问题变得更糟。

2. 理想的差距

美国的年轻一代极度自我，他们对未来期望值很高，更看重自己的想法。2005年T.弗里德曼指出："不少美国人坚信他们能胜任高薪工作。"这些人就和《美国偶像》选秀节目的参赛选手一样，听到评委西蒙·科威尔说他们没什么天赋时，他们感到十分震惊。很多未来学家认为，千禧一代的员工主要为中国移民、印度移民以及其他优秀的人工作。中国的年轻人将微软公司创始人比尔·盖茨视为英雄，但美国人心目中的英雄则是歌手布兰妮·斯皮尔斯。对于多数美国大学生而言，学校只是一个纵酒狂欢、最终让自己或父母负债累累的地方罢了。

3. 教育的差距

美国研究经费急剧减少，高端研究型岗位的输出量大于输入量。所以美国的专利数、顶级期刊论文发表数和公立学校学生的科学成就数量都在急速下降。

当然，肯定有人会认为：美国并非在走下坡路，而是许多国家想追上美国或赶超美国。美国只是向前发展的步伐有所放缓。托马斯·罗兰·弗里德曼在《世界是平的：一部21世纪简史》一书中写道：世界是平的。但从很多方面来说，这一观点并不正确，教育领域的竞争已逐步拉开差距。维基百科上的信息给人们提供了免费学习的机会，社交媒体成本大幅下降。不少亚洲国家及其他地区的国家斥巨资发展教育，但美国似乎对此不为所动。与其他发达国家相比，美国公立学校教师的工资在GDP中所占的比例较低，与其他发达国家的同行相比，美国教师的受重视程度更低，工作时间却更长。学生在公立学校受到的教育并非是精英教育，大学学费太贵，教学方式没有与时俱进。政府也没有重视互联网在全球的普及这一现状。美国教育在科学、数学和技术方面的欠缺已是众所周知的事实。

智商与休闲息息相关。有一种说法是，休闲有利于维持和发展我们各方面的才智。一个人的经历和所耗脑力可能会改变其大脑，使得智商下降或提高。心理学家唐纳德·赫布注意到，面对复杂的学习任务，家养的宠物鼠比实验室里饲养的动物表现得更出色。佩普克发表于1993年的研究表明，家养鼠的生活环境更多元化，玩耍和接触外部刺激的机会较多，因此它们能通过完成迷宫游戏或其他任务更好地学习。生活在多元环境下的老鼠，其脑部构造不同于普通老鼠，因此它们的能力更强。此外，这些老鼠的大脑皮层要比实验室老鼠的厚，神经元中的树突和突触的数量也更多一些。佩普克指出："大脑所接收到的刺激在脑部线路有所表现，随后又反过来提升大脑的学习能力。"尽管在人类身上还没发现类似的研究结果，人们对起学习作用的细胞机制还不是很了解，但人类接收到的刺激的确会改变大脑结构从而影响智力。

大脑是有可塑性的。也就是说，它会随着时间的变化而变化，而人的行为也会对它的变化产生影响。新生儿的大脑尚未完全发育成熟，功能也不健全。

> 它的神经元数量多于成年人，但因为这些神经元还没有相互连接起来，其神经元的重量只有成年人的1/5。轴突迅速地从神经元细胞体上延伸出来，到达最终的目的地。人们并不清楚轴突是如何找到正确位置的，但它们总能准确无误地做到。……因此，初始的发展过程是一种增殖，紧接着就是选择过程。如此一来，被永久定型的是大脑的总体结构，而非脑部的线路构造……而事实证明，个人经历也能影响人体大脑的线路构造。
> ——佩普克《进步的演变：经济发展的终结和人类转变的开始》

因此，个人的经历和行为或多或少会影响大脑功能。

让我们思考一下这些观点背后的深意，以及它们与休闲的关系。如果人的经历和行为在一定程度上影响其大脑发育，那么我们所能自由选择做的事对智力发展也发挥着重要作用。思想和身体不是分开的，而是同一事物的不同部分。虽然人的基因构成可能会限制其能力，但是否能打破这些束缚，取决于我们的努力。如果在复杂多样的环境里进行休闲活动（像那些宠物老鼠一样），我们的智力潜能将得到开发。有机会玩挑战性游戏的儿童与那些很少受到类似刺激的儿童智力发展不同。利用闲暇时间进行挑战性活动的人在智力上会得到极大开发，而那些仅仅利用闲暇来放松的人却没有这种机会。当然，我们的工作是智力发展的一个关键因素，但是，越来越多的人把休闲当作塑造人类智力潜能的一个重要手段。古希腊人在2000多年前就思考过这个问题了。

4.3.1 早期教育

人们普遍认为：小时候受到的教育对人影响最大。也就是说，人的智力水平在5岁就定型了，而命运也会受其影响。在美国，平权运动为那些少数不幸的青少年提供了上学的机会。一个更为有效的方法是为贫困地区的幼儿园提供资金支持。与其他国家不同的是，美国为小学提供教育援助的资金主要来源于学区地产税，与住在内城区或贫困地区的业主相比，住在高房价地段的业主往往要缴纳更高的税款。同时，是否能获取线上资源也是一个关键的问题。早在很久前，中国台湾地区家家户户都已经安装上无线网，但世界上大部分地区还未做到这一点。日本规定：每个公立学校应花同样的时间来培养每一个学生。然而，在美国，只有那些缴纳更高物业税的人才能为他们所在社区的儿童提供教育支持。

4.3.2 对休闲、旅游与体育的潜在影响

教育类竞赛有可能重塑休闲活动及其功能，对儿童来说尤其如此。"技能挑战型"休闲活动以及为身心愉悦而进行的阅读越来越受欢迎，人们越来越重视探索型游戏。为年轻人提供"学习型"旅游可能会掀起一场全新的旅行浪潮。

大旅游（Grand Tour）指的是16—17世纪欧洲上层社会的年轻人在欧洲进行的传统旅游活动。这一习俗兴起于1660年左右，并一直持续到19世纪40年代，这时大规模的铁路交通开始出现，并有了一条固定的旅游线路。这场旅行就像是一场教育仪式。虽然最初这个活动的参与者是英国贵族和富裕乡绅，但之后北欧大陆新教徒国家中的有钱年轻人也加入进来。到了18世纪下半叶，南美洲、美国及其他国家的年轻人也进行了类似的旅行。火车及轮船的诞生减轻了出行负担，更多的中产阶级纷纷加入旅行，而托马斯·库克[4]已成为旅游的代名词。

——格罗斯《排队理论的基础》
(*Fundamentals of Queueing Theory*，2008)

凡事并非一成不变。在未来，中国和印度必定会加入旅游大国的行列，巴

西也有可能，美国当然就更不用说了。旧的国际秩序将被新兴国家所改变。因此，我们要重新认识这个世界。当然，这并不是说不要去英国，英国曾称霸世界。然而，现如今，人们必须要认识到世界是多极的。从某些方面来看，中国是世界上最大的经济体。未来十年内，印度可能会成为世界上人口最多的国家，作为一个民主制国家，印度的许多地区都使用英语，中产阶级正迅速壮大。总而言之，我们不但要了解西方文明，东方文化也值得人们去学习、去发现。

当然，教育层面的竞赛会让不少家长逼着自家孩子没日没夜地学习，考个好大学，这样一来，他们进行休闲活动的时间就大大地压缩了。目前，中国孩子的生活正是如此，10 岁左右的孩子几乎没什么自由支配的时间，长时间的学习已成为他们生活的常态。

4.4 恐怖主义

人们对战争的传统观念早已过时。恐怖主义及低强度战争[5]已成为穷人用来反抗富人的手段。核能的副产品为恐怖分子提供了越来越多的炸弹制作方法，其成分像肥料一样普通。有些恐怖分子无法制作出这些武器，但他们会用炸药或人体炸药包来做武器。在不久的将来，恐怖分子可能还会用上无人机。1991 年范·克雷维德指出，犯罪和战争之间的界限正逐渐模糊，一旦两者之间的界限消失，传统意义上的战争将会被低强度战争所取代。美国对外关系委员会已确定至少有六种类型的恐怖主义：民族主义型恐怖主义、宗教型恐怖主义、政府资助型恐怖主义、左翼恐怖主义、右翼恐怖主义、无政府主义。

人们在参与休闲活动时的复杂性和不确定性会越来越高。休闲活动的入场方式有人像扫描、人像采集或凭身份证入场等，如足球赛就有采用上述方式。如果活动中的大量人流成为拥有无人机的恐怖分子的袭击目标，那么反无人机技术便会派上用场。恐怖主义带来的威胁可能使旅行变得更加复杂和费事，所以有些潜在游客（would-be tourist）就不愿出行了。此外，人们还应该认真制定应急方案来保证休闲旅行的顺利进行。恐怖主义，尤其是恐怖主义带来的威胁，在未来可能会极大地影响休闲活动。但是，人们应该记住：这类行为不会永远存在。例如 20 世纪 20 年代的无政府主义者只是单纯地想制造些混乱，但现在他们大部分人已经不见了。世界在变化，恐怖主义要么退出历史舞台，要么愈演愈烈。

4.5　全球难民数量增加

在不久的将来，受恐怖主义和人为造成的气候变化的影响，逃离本国沦落为难民的人数可能会大幅增加，这些因素互相影响。美国科学促进会认为，在2020年，可能会有5000万人因生存环境恶化而成为难民。联合国对难民的定义是因种族、宗教、国籍等原因受到迫害而不得不逃离故土的人。此外，气候问题也会导致人们流离失所，如居所陷入低洼地，或是土地沙漠化导致庄稼颗粒无收等。在孟加拉国这种低洼国家，人们现已迁至地势较高的地区或萌生了逃往他国的想法。非洲地区的耕地极度干旱，泥土被风吹走，田地不复存在，当地人纷纷迁往西班牙和德国。许多人也被迫迁到国内其他地区。如塞尔曼在2011年所指出，在21世纪初，美国低洼城市的数量可能已经达到180个。因此，迈阿密海滩附近的居民或北卡罗来纳州威尔明顿市的居民可能被迫迁往美国其他地区。

以下三种情况可能导致人们在环境因素的影响下迁移或沦落为难民：

- 由于自然灾害或突发性环境事件的产生，人们暂时搬离本地，成为环境突发事件移民，如受飓风、海啸或地震等自然灾害的影响而被迫迁离的人。
- 人们因自然环境日益恶化而被迫迁移，如乱砍滥伐或海岸线后退导致自然环境逐渐恶化，人们被迫迁离原居地。
- 人们为避免未来可能会发生的环境问题而选择移民，这类移民可称为"环境驱动型移民"（environmental motivated migrants/environmentally induced economic migrants），如因土地沙漠化导致作物产量下降而选择迁徙的人。

各类移民对食物、住所、水资源、教育资源以及休闲活动的需求是不一样的。有些移民终究还是会回老家，而另一些移民就不得不融入到当地的生活方式中去。有部分始终是非法移民，另一部分则还有一些已成为接收国的合法公民。然而，对他们来说，最重要的还是尽量将休闲活动、旅行以及体育运动常态化。这一点说起来容易做起来难。

许多因为突发性自然灾害而暂离家园的难民住在难民营里，而另一部分人则成了大城市中的非法移民。各国的移民政策有很大的不同，且变动频繁。难民总是希望能再次回到自己的国家，但除非出现重大科技突破，否则这种希望经常沦为失望。通常来讲，难民会遭到接收国的歧视，而且两国之间的文明程度、宗教信仰、性别关系以及科技水平也有差别。这些难民们会成为接收国里被隔离的孤岛呢，还是会慢慢融入接收国的文化中？这个问题很关键。

4.5.1 对休闲、旅游与体育的潜在影响

对很多难民，尤其是那些居住在帐篷营或其他临时住所的难民而言，他们急需食物、水和庇护场所。此外还有一些重要问题，例如儿童游玩和成年人休闲娱乐的机会。

> 研究表明：临时住所对儿童的教育和身体健康会产生一些负面影响，包括出现影响学习和行为的压力和健康问题，教育程度低于同龄人的问题以及情绪波动大、多动症、睡眠障碍和尿床等儿童行为问题。在临时住所，孩子们玩耍或学习的空间很小，有的甚至没有，无法邀请好友来自己家里玩。
>
> 虽然难民儿童也需要结交新朋友，但贫穷和低收入生活限制了他们获得休闲和娱乐的机会。因此，频繁地换学校或搬家意味着许多难民儿童错过了自我成长中的重要环节，即学习、玩耍和交友的机会。
>
> 因此，为难民儿童提供高质量的游戏、娱乐活动及补充性的学习机会是学校和早期教育的关键。参与体育或休闲活动能帮助孩子们获得情绪上的幸福感，缓解内心的紧张和焦虑。开心地享受课余活动能让孩子们更好地应对压力，提高自己的适应能力。同时，通过这类活动，他们还能结交新朋友，提高自己的语言能力和社交技能。玩耍对每个孩子来说都是重要的成长经历。
>
> ——博洛滕、斯帕福德《游戏、休闲和学校拓展活动》
> （*Play, Leisure, and Extended School Activities*）

孩子们从一个艰苦的环境搬去另一个陌生的地方后，可能会出现心理创伤，而娱乐休闲活动能帮助他们平稳度过这段艰难时光。孩子们参加精心安排的或有人照看的休闲活动也能让父母有机会从事有偿工作或做一些必要的家庭劳动。对成年人来说，参加一些不用花太多钱的休闲活动以及拥有接触传统的游戏、体育、文学作品和古典音乐的机会非常重要。

4.6 肥胖症

2009 年，肥胖症被确认为威胁美国国民安全的一大因素。当年的一项研究指出，美国 75% 的适龄年轻人不具备服兵役的资格。主要原因有三：第一，

高中没毕业；第二，有犯罪前科；第三，体重超重。光肥胖症这一个原因，就使27%的年轻人不适合当兵。有些军官认为，75%这一比例肯定有点太高了，但美国教育部前部长阿恩·邓肯、北大西洋公约组织前总司令韦斯利·克拉克以及负责招兵工作的高级军官等纷纷证实了这一数据的可靠性。退役海军少将詹姆斯·巴内特表示："到2030年，美国的国家安全完全取决于美国幼儿学前班的教育质量。"

美国和其他国家患肥胖症和糖尿病的人数激增，原因有很多，有受新兴科技的影响，也有受古老的文化价值观的影响，还有受餐饮行业的利润最大化策略的影响等等。

在某些贫困国家，食物经常短缺，因此肥胖在某种程度上会被看作个人成功和地位的标志。在科威特、毛里塔尼亚、南非（人们通常认为骨瘦如柴的妇女患有艾滋病）和牙买加等许多国家，丰满的女人更具吸引力。2013年希尔和加洛韦指出，由于文化和遗传学的相互影响，汤加人容易患肥胖症——该国11.4万居民中过度肥胖人数占10万人。还有少数国家的文化支持甚至鼓励肥胖，妇女更是以胖为美。与肥胖症有直接联系的因素还有很多。该病于1990年左右出现，根据2016年食品研究和行动中心以及同年纳亚尔的研究可知，以下是引发肥胖症的原因：

- 久坐不动的生活方式。
- 出行乘汽车，而不愿骑自行车或步行。
- 食用加工食品，通常是含糖和/或含有其他甜味剂或盐分高的食品。
- 大部分的食物都由餐厅供应。
- 在餐厅吃饭的次数较多。
- 喜欢吃油炸速食和荤菜，尤其是牛肉和猪肉。
- 缺乏体育锻炼。
- 喜欢瘫在沙发里看电视。
- 资本主义缺乏控制肥胖症的经济激励机制（资本家会想："太好啦！如果社会上超重的人多了，那我们就能多卖超大码的裤子了！"）。
- 法律规定：不得歧视肥胖人群。

损害健康的体重增加称之为肥胖。2008年威尔伯特指出，超重人群往往缺乏活力，性生活次数少，笨重的体形还会给生活带来很多不便，如乘坐飞机时，庞大的身躯很难挤进座位。超重群体患2型糖尿病的比例进一步扩大了肥胖对个人及整个社会的影响。部分糖尿病患者体重正常，而有些体重过高的人却没有2型糖尿病，比尔及梅琳达·盖茨基金会的一项研究结果表明：肥胖仍与2型糖尿病存在密切关系，并且问题变得越来越严重。2015年《纽约时报》报道了萨布里纳·泰尔莱斯一篇发表在《柳叶刀》杂志上的文章，其总结相关研究后发现：

> 全球糖尿病发病率在增加，中国患者数量庞大。研究期间（1990—2013 年），中国的糖尿病患病率增加了 56% 左右。
>
> 但中国并不是患病率上升幅度最大的国家。在美国，这一比率上升了71%，沙特阿拉伯上升了 60%，墨西哥上升了 52%。
>
> 2013 年，中国的糖尿病患病率为 6.48%，沙特阿拉伯的患病率遥遥领先，为 17.8%，高出中国 2 倍多。相比之下，美国的患病率与中国大致相同。

印度的肥胖人群和糖尿病患者也在激增，但《纽约时报》的报道并未提及此事。尽管在糖尿病治疗手段上取得了重大进展，但肥胖还是会引发致命性并发症，如心脏病、肾衰竭、截肢等。美国疾病控制与预防中心在 2016 年就指出，目前，美国儿童和青少年肥胖比例占 17%，是上一代人的 3 倍之多。

肥胖问题屡见不鲜，很多父母似乎没有关注到自家孩子体重超标的事实。2015 年霍夫曼指出：

> 《儿童肥胖》医学杂志中的最新一项研究表明，超过 75% 的学龄前肥胖男童的父母和近 70% 的肥胖女童的父母认为自家孩子的体重正常。
>
> 研究人员将 2012 年的调查结果与 1994 年的一项类似的研究结果进行了比较。不仅孩子们近年来体重明显增长，而且父母判断自家孩子体重的能力也下降了约 30%。

穿着相对宽松的衣服，尤其是对于男孩来说，可以在一定程度上掩盖肥胖这个问题，而那些认为自家孩子运动量大的父母很容易高估他们孩子的体形。因此问题就在于，许多父母都高估了自家孩子的实际运动量。

耶鲁预防研究中心主任大卫·卡兹博士提醒我们："体重增加是很多慢性病发作的前兆。"他认为，如果肥胖儿童的家人无法意识到这一问题，疏于对孩子付出关爱，那该问题的解决很难取得实质性进展。卡兹博士补充道："这不仅仅是肥胖儿童一个人的事，孩子的每一个家人都应携手共同解决这个问题。"

4.6.1 对休闲、旅游与体育的潜在影响

如果肥胖和糖尿病患病率增长迅速，必定会对今后的休闲、旅游及体育运

动产生影响。首先，参加体育比赛和娱乐活动的人少了，运动员在赛场也可能表现不佳。那些重度肥胖的人在要求体力的活动中表现欠佳，甚至有可能根本参与不了。他们可能会以观众的身份继续观看这些活动，但是却无法获得参与活动所带来的心理和生理上满足感。如果他们参与其中，还有可能会破坏运动器材，如秋千架等，这就增加了运动成本。同时，如果参与运动的人数减少，会使本就声音微弱的发展休闲和体育的政治主张越发无人问津。再者，与肥胖和糖尿病相关的高额医疗费使近乎失控的美国医疗开支雪上加霜。英国的医疗支出占到了GDP的6%～7%，而美国目前的医疗开支约占GDP总量的18%，远高于其他西方国家，肥胖正在蚕食美国经济。以下是美国菲特公司（Phit America）在2013年发布的2012年统计数据，而且这组令人震惊的数据明显低于实际情况：

• 每年，美国都会为解决肥胖问题而将医疗经费上调1900亿美元。美国在这方面的开销几乎占到了医疗开支总额的21%。

• 布鲁金斯学会的一项研究表明，与体重正常的人相比，美国肥胖症患者在购买处方药上的花销增加了105%。

• 北美精算师协会估计，员工超重会引发相关问题，使美国雇主每年损失约1640亿美元的生产力。

• 每年，员工因肥胖原因缺勤而造成的损失约达64亿美元。

• 为了服务超重乘客，美国航空公司每年得多消耗约3.5亿升燃油，价值10亿美元。

• 布鲁金斯学会最近公开发表的一项研究表明，美国每年花在肥胖儿童身上的费用为143亿美元。

• 每年，美国花在肥胖问题上的医疗相关费用高达620亿美元。

• 哥伦比亚大学的研究人员表示，如果照目前的趋势发展下去，到2030年，美国每年用于治疗肥胖的费用会增加660亿美元。

• 罗伯特·伍德·约翰逊基金会预言，除非当前状况有所改善，否则到2030年，美国因肥胖所导致的年度经济生产力损失可能会达到令人震惊的5800亿美元。

显然，用于购买治疗肥胖和糖尿病的药物费用和相关的治疗费用，不可能用在垒球联赛上，也不会用在建造城市泳池或登山小径上。肥胖对旅游业有两大威胁。第一，肥胖会让很多体重超标的人压根儿不想出去旅行。第二，如果是跟团游，他们可能会是团队里最后一个到达景点的人；又或者他们在大巴上休息时，因体重超标而鼾声太大，吵到了车上的其他团员，只能被同伴叫醒；还有如果他们随身带的药弄丢了，又不得不重新买药……以上种种情况都会让他们觉得很难堪，影响自己和他人的旅游体验。

美国及其他各国会关注肥胖症吗？美国教育部门会要求全体师生每天进行体育锻炼吗？公众愿意为组织体育锻炼所需的工作人员和设施出钱吗？既然联邦政府在医疗保障方面扮演着越来越重要的角色，那么从现在起，它有没有制定相关计划，要求人们定期进行体育锻炼以控制体重呢？如果政府承担了大部分费用，难道我们这些受益者不应当负起节约成本的责任吗？如果一个社会对肥胖无条件接受怎么办？我们看到一些超重女性开始做起模特，成为偶像。社会和经济会为这种接纳态度付出代价，上至国防，下至娱乐活动。这是一个痛苦的过程，而且对于那些想解决这个问题的领导者来说，短期内很难看到成效。但我们终究还是得直面日益严重的肥胖问题。

肥胖既是一个趋势，也是一个威胁，但是社会上另一批人的体形却变得越来越健壮和高大。我们看到，优秀运动员们一个比一个高、一个比一个快、一个比一个强壮。包括凯兰在内的不少遗传学者认为，幼年时期营养状况的改善是出现身高大幅增加的首要原因。19世纪中期，人们开始长高和长胖。虽然长高的趋势趋于平稳，但对专业运动员们来说，现在很多运动项目已无法满足他们的需求。

运动员们的体格越来越健硕，速度越来越快，实力越来越强，所以，现在的训练场地对他们来说太小了。专业篮球场和大部分大学的篮球场还是老样子，但是球员的个头变大，速度及弹跳力也在不断进步。篮球是一种推挡冲击的运动，上篮得分并不容易。运动员们佩戴的护具越来越多，这也削弱了比赛本身的魅力。玩美式橄榄球可能有生命危险，因为球员被身材壮硕的对手戴着有硬塑料外壳的头盔冲撞，很容易摔出脑震荡或致残。网球运动中，场地空间太小，顶级双打运动员施展不开。对于高级别的比赛，很多排球场太小，球网太低。当然，体育规则在不断完善，例如篮球赛事将引入4分球得分制，运动场地可能会加宽约91.44厘米；排球球网的高度可能会增高；美式橄榄球头盔外围的衬垫正在研发；足球和网球的比赛场地可能会扩大……

由于有肥胖者的加入，我们必须对体育活动进行新的设计。同样地，我们也要关注专业运动员的需求，如修建更大的篮球馆、足球场及双打网球场，添置新器材，确立新规则等等。

4.7　动物权利运动方兴未艾

动物权利运动，有时也被称作动物解放运动或动物权利拥护运动，该运动致力于在道德和法律上消除人与动物之间固化的区别，使动物免于被人类当作私人财产，同时也是旨在避免动物被当作研究、食用、穿着或者娱乐对象的一种社会运动。该运动让人们意识到他们会为得到动物的毛发、肉和劳力而去折磨动物这一事实。把动物养在一个非常恶劣的环境里，然后低价把它们卖掉，这是个严重的问题。许多家畜的饲养者总是把动物关在板条箱、笼子或其他密封的设施里，毫无自由可言。我们对待动物应该用更人道的方式，例如减少对动物的囚禁、屠宰以及食用量。如果动物权利得到保护，人类膳食结构也会随之调整。现在，很多人会选择食用"处在食物链底端的生物"，成为鱼素者、素食主义者或拒绝一切肉、蛋、奶制品的纯素食主义者。纯素食主义者或素食主义者对环境有很大贡献。生成1克动物蛋白所需的水、粮食和能量比生成1克植物蛋白所需的能量要高很多倍。此外，大量的动物饲料都是玉米和其他粮食作物。因此，美国政府花上数十亿美元用于补贴玉米生产，其中有大量的玉米被用来饲养供人类食用的动物。

动物权利运动的兴起可能导致美国及其他地区宠物或陪伴型动物的数量猛增。美国兽医医疗学会2012年的数据显示，超过1/3的美国家庭有一只狗，超过3/10的家庭养着一只或多只猫，很多人家里有养鱼、雪貂、兔子、仓鼠、豚鼠、海龟、蛇、蜥蜴等动物。在饲养动物的过程中，人们可能会更加了解动物真正需要的是什么，促使人们思考人与动物之间的关系。这样一来，素食主义者可能会增多。因为如果人们在全心全意地照顾宠物狗的同时却还在吃猪肉或羊肉，他们可能会觉得在道义和良心上过不去。

当动物成为现代人休闲活动的一部分时，人与动物之间的关系将变得更加复杂。一种观点认为动物生而服务于人。另一个极端的观点是，实行放养制，完全不干涉动物的生长。然而，野生环境下，大多数动物都活不到成年（大多数未受过教育的人也是如此）。但不管秉持哪种观点，我们都必须要保护动物，善待动物。

4.7.1 对休闲、旅游与体育的潜在影响

一直以来，动物权利运动都致力于改善那些用以娱乐人们的动物的生存环境，如海洋公园里的鲸和海豚、马戏团和动物狂欢节里的动物，以及家养的宠物等。这些问题也影响到餐饮业和酒店行业，因为在这些行业中，动物成为人类的盘中餐。一个用餐者是否应该知道或关注到，他吃的这个鸡蛋是一只被关在笼子里的母鸡下的？用餐者是否应该了解到，他们吃的鱼产自一家农场，而且这条鱼还吞食了不少同类所排出的废弃物？

从某种意义上来讲，不少现代国家里，宠物都在扮演着人类"子女"的角色。如果真是这样的话，我们应该要制定什么样的规则来保护这些"孩子"呢？当然，由于人为造成的气候变化，大多数动物的生命也受到了威胁。因

此，动物权利运动可能要付出更多的努力，来消除气候变化对动物造成的伤害。

4.8　全球成瘾现象

1989 年皮勒指出，上瘾是一个意识和行为上从完全自主选择到完全无法自控的连续过程，如嗑药、吃糖和吸烟等行为就很容易上瘾。任何能减轻疼痛的行为都有可能使人上瘾，这也就是为什么医生会开出羟考酮这样的处方止痛药，还有人非法贩卖它，让处在低潮状态中的人吸食后产生快感。从阿富汗地区的鸦片到北美制药厂生产的处方止痛药，从酒精和尼古丁、别具风味的人造食品到大规模生产的糖制品，人们越来越沉迷于各种精心制作的能让人上瘾的东西。

通过出售"违禁药品"所得的经济利润是相当可观的。

按照规定，个人不得私自种植海洛因、可卡因以及大麻等植物。因为在美国，这些属于违禁品，正规的市场不准买卖。贩毒的法律风险驱使一些聪明的不法分子铤而走险，帮助犯罪组织通过暴力手段形成地区垄断以压制正常竞争，从而进一步抬高毒品价格。

——乔治·弗里德曼《下一个 10 年：我们身在何处，走向何方？》

对阿富汗和墨西哥这些国家来说，与非法贩卖毒品带来的暴利相比，这一过程中存在的暴力问题根本不值一提。

很多数据表明，酗酒现象也日趋严重，尤其在年轻人中已经泛滥。例如，根据伦敦卫生与热带医学院在 2006 年发布的数据，在 1950—1954 年和 2000—2002 年这两个时段内，英国的英格兰和威尔士地区男性肝硬化患者人数上涨了 5 倍，苏格兰地区上涨了 6 倍。相应地，女性肝硬化发病率增加了 4 倍。

目前糖类成瘾是困扰着美国和其他许多国家的首要问题。美国人平均每天消耗 113.4～226.8 克糖。和毒品一样，糖也容易让人上瘾。迪尼科兰托尼奥和卢坎在 2014 年指出，食品行业正竭尽所能地让人们对糖类物质上瘾。与可卡因相比，实验室里的老鼠更偏爱糖。"我们有必要对糖与毒品两者做个比较。人们用类似的提取过程将罂粟和古柯叶等其他植物进行提纯，研制出海洛因和可卡因。精制糖也会对人的身体和大脑产生影响。"如今一罐碳酸饮料所添加的糖分，可能高于几百年前的人一整年所消耗的糖分。在几百年前，除了偶然发现的少量纯天然野生蜂蜜之外，人类的饮食中不会出现浓缩糖。

天然糖的来源，比如水果和蔬菜，其甜度被水分和纤维冲淡了，所以口味不是特别重，但现代工业生产出来的糖却非常甜，能迅速地给人口感上的冲击。工业技术将甜菜这样的天然食品中的水分、纤维、维生素、矿物质乃至其他所有有益人体健康的成分提取出来，生产出纯糖，最后制成洁白的纯糖晶体。

但白糖晶体对人类也是有害的。最近一项研究表明，与盐分相比，糖分诱发心血管疾病的概率更高。也有越来越多的证据表明，糖分摄取量过高可能会引发脂肪肝、高血压、2型糖尿病、肥胖症和肾病。

在人类疾病动物模型[6]中，吃糖后至少会产生三种与药物滥用和依赖相同的症状：强烈的渴望、药物耐受性和戒断反应。动物吃糖成瘾，像极了人吸毒成瘾的状态。

在这方面，人和动物没什么两样。和鸦片类药物一样，糖也会刺激大脑神经回路，让人产生依赖性。人们对糖的强烈渴望与对可卡因和尼古丁等成瘾药物的热情相似。虽然其他食品也含有令人愉悦的成分，但糖是特别容易让人上瘾的。例如，对食用奶昔的人做的功能性磁共振成像表明，人更想吃的是糖，而不是脂肪。食品企业在食品中加入糖分，目的是调整产品成分，使其尽可能地令人难以抗拒，容易上瘾。我们如何戒掉这种习惯呢？一种途径是通过提高税收，让加糖食品或饮料的成本更昂贵。另一种途径则如迪尼科兰托尼奥和卢坎在2014年所提出的，要求学校、医院等地停止供应加糖饮品，或者像监管烟酒一样监管添加糖分的产品，例如对相关广告加以限制，或者添加警示提醒等。

4.8.1 对休闲、旅游与体育的潜在影响

大多数情况下，上瘾状态与休闲状态是对立的。也就是说，上瘾是一个从有自主意识到无法自控的连续过程，上瘾的人是无法选择的，但休闲活动一定是自主选择。然而，从开车和吃冰激凌，到三五好友一起抽烟、喝酒等，成瘾行为在休闲活动中占了主导地位。摇滚音乐家们经常会染上毒瘾，但是那些喜欢喝可乐的人、性瘾者或儿童性骚扰者就不一定表现得那么明显。如果要想在这个问题上取得一定进展，人们应把成瘾行为归因于健康问题，而不是道德缺失。此外，政府可以终止对成瘾物质的补贴，如终止对糖类生产的补贴。尽管我们对休闲活动在对抗成瘾行为方面的作用还不清楚，但重要的是如何让休闲活动替代成瘾行为。

尽管禁烟宣传活动取得了一定的成效，让公众了解了上瘾的危害，但它的作用喜忧参半。因为很多戒烟广告的形象代言人自己都是瘾君子。所以，这些

反面教材反而强化了这些成瘾行为。

4.9 高情商的必要性

1983年，美国心理学家霍华德·加德纳提出了多元智能理论，其中包括人际沟通智能（理解他人交际意图、动机和欲望的能力）和自我认识智能（认识自己的能力，体察自己的感受、恐惧和动机的能力）。1995年戈尔曼《情商：为什么情商比智商更重要》一书出版后，"情商"一词广为流传。但2012年巴尔比、科洛姆和格拉夫曼指出，迄今为止，情商测试并没有取代智商测试而成为衡量人类智力的标准。情商在领导力和商业方面的作用也有争议。

4.9.1 定义

科尔曼在2008年指出，情商是指人们能体察自身和他人情绪，能区分各种不同的情绪，适当地界定它们，并利用情绪信息来指导思考和行为的能力。

戈尔曼在1998年提出，以情商为主的混合模型涉及一系列能力和技巧，它们可以促进领导力的表现。该模型列举出关于情商的五个部分：

- 自我意识。指人们对自身的情绪、优势、劣势、动机、价值观及目标有着深切的理解，并认识到自己这些情绪对他人的影响，同时利用直觉指导决策。
- 自我调节。包括控制或改变负面情绪和冲动，并适应不断变化的环境的能力。
- 社交技巧。指管理人际关系的方法，说服人们按照你所期望的去做。
- 同理心。指在做决策时能够考虑他人的感受。
- 动机。指激励自己以取得成就的能力。

戈尔曼在各个能力分支下都定义了一组情绪能力。情商并非生而有之，是必须通过后天的学习才能培养出来的。戈尔曼在他1998年发表的文章中认为，每个人生来都带有一定程度的情商，它决定了学习情绪能力的潜质。

情商和劳动能力得不到提升的部分原因在于，人们莫名其妙地强调自尊心。2010年心理健康服务中心表示："你有权自我感觉良好。"但这一观点与社会的道德准则或民风民俗不太相符。自我感觉的好坏必须依个人行为、道德、态度和成就而定。一代人通过学校教育培养了极强的自尊心，那他们在工作时就不得不磨炼自己的情商，而在大多数情况下，他们的自尊行为主要是为了满足自己的需要。事实上，许多现代社会中都存在着养尊处优的观念。从小条件优渥的教育导致年轻人自尊心极强。他们认为全世界都应该为他们服务，并对此坦然接受。例如，一个在麦当劳外卖窗口买咖啡的女人，把热咖啡容器夹在两腿之间后驾车离开。被热咖啡烫伤后，她成功地起诉了卖家，认为错不在她。拉什在 1979 年指出，自恋狂希望，规则能有效地适用于除他自己之外的所有人。推特、博客和贴吧等网络媒体将普通人的地位提升到了令人瞠目结舌的高度。例如，有个推文写道："大家好！我刚吃了一个芝士汉堡，分享给想知道我动态的你们。"

4.9.2 对休闲、旅游与体育的潜在影响

从篮球到国际象棋，在诸多竞技类休闲活动中，很多参赛者学习了如何通过设计战术取胜，而不需要展现自己的情商。父母往往通过某种竞技类休闲活动将孩子培养成胜利者，但这并不会提高孩子的情商。结果，那些擅长竞技类休闲活动的人，如篮球运动员，成了胜利者，而那些富有同情心和体贴的人，却输掉了比赛。自恋的人如果一味想赢，可能会对自己和身边的人产生负面影响。其实，情商也可以成为一种技能，帮助人们赢得比赛，如在扑克游戏中学会察言观色从而获胜。像在巴黎参观博物馆或和朋友在公园散步这类非竞技类休闲活动中，高情商的人能让其他人在活动中感到轻松和愉悦。

4.10 专注力时间缩短

1999 年罗宾逊和戈德比关于时间利用的研究显示，如今人们更倾向于同时进行多项任务，花在单个任务上的时间也在减少。时间利用的速度加快，导致假期缩短，对话时长缩短，杂志上、网络上的文章变得更简短，在沐浴或性生活等特定行为上花的时间更少。

专栏作家大卫·布鲁克斯在 2015 年写了一篇题为《塑造注意力时长》(*Building Attention Span*) 的文章，文中他将神经科学家苏珊·格林菲尔德提出的流体智力 (fluid intelligence) 与晶体智力 (crystallized intelligence) 进行比较。前者是一个人生来就能进行智力活动的能力，它极大地受到网络世界的影响；后者则要求一段时间的独立阅读并对所读内容进行分析讨论。网络世界的瞬息万变能提升人的流体智力，但培养晶体智力需要人们长时间集中注意力，因此，网络对晶体智力的塑造产生了威胁。

布鲁克斯在文章中描述了长时间上网的人的流体智力特征：

这种社会交际减轻了压力。我认识一些朋友，他们只有在网上才会感到放松，并表现出自己最好的一面。他们在网络沟通过程中的掌控感更强，因此更健谈，更敏感，更轻松。

　　这种互动方式能提高心智敏锐度。网络的快速更新促使人们迅速浏览信息，只看重点。如果你能参与到社交媒体和交互式游戏中来，忽略优雅这个因素，那么你会表现出色。瞬息万变的世界会培养出人们敏锐的洞察力、实时的评价和机敏的反应……网络游戏高手的短期记忆能力通常很强，能同时处理多个事项，能够在不同任务之间灵活切换以及迅速处理快速呈现的信息。

　　流体智力是一种技能。它能让人学会审时度势，在新环境下找到解决方案且不受长期经验的影响。

——大卫·布鲁克斯《塑造注意力时长》

而晶体智力的产生源于不同的精神环境——"一旦下线，人们就不再与外部世界产生联系。人们会花一段时间独自阅读和思考，然后专门花时间与朋友聚在一起，谈天说地，探讨人生。"

　　晶体智力是指运用长期记忆中的习得经验、所学知识和终身教育成果的能力，是对以往所学知识进行类比和比较的能力。随着时间的推移，晶体智力也随之增长，最终形成人的理解能力和智慧。

　　相较于线下阅读与讨论，全新的网络世界更有趣，更轻松，更自然。它能培养人思维的敏捷性，但有证据表明，网络世界会加快人们的心理节奏，把个人、想法和事件置于更宽泛的语境下，从而削弱了人们探索和描述事物的能力。

　　剧作家理查德·福尔曼曾刻画过一群有如清教徒一般的人，他们有着复杂而充实的内心、鲜明的个性、坚定的信念。他们有时会有点叛逆，朋友间会互相分派阅读任务，读完后会安排时间讨论和描述所读的内容，以此培养自己的晶体智力。

——大卫·布鲁克斯《塑造注意力时长》

4.10.1　对休闲、旅游与体育的潜在影响

　　流体智力的出现和人们注意时长的缩短等现象，将会对休闲、旅游和体育

运动带来怎样的影响呢？休闲和娱乐服务的提供者是否已经准备好应对这些变化了呢？

最近，我看了一部翻拍自托马斯·哈代的长篇小说《远离尘嚣》的电影。电影很不错——配乐很华丽，制作也很精良（镜头完美地捕捉到了英国南部英吉利海峡附近多塞特郡海岸线上白垩纪绝壁的美），演员们的表演也有很强的代入感。这是一部压缩版的《远离尘嚣》，看完仅需1小时45分钟。20世纪60年代末，有导演将《远离尘嚣》拍成了一部长达3小时的电影，这两个版本都很棒。但我发现自己对这两版电影有不同的反应。之前较长的那一版让我感受到19世纪英国农业社会的慢节奏生活，而当前翻拍的这部电影并没有体现出时间的缓慢流逝。因为电影投资人和制作人认为，观众在电影院的观影时长充其量也就2个多小时，于是就缩短了电影的时长。因此，在新上映的这部电影里，故事发展节奏太快导致有些情节转换太急促，而老版的《远离尘嚣》则以丰富的语境为我们呈现了一个不同的世界。

——盖伦

许多年轻人自幼就对信息技术非常熟悉，在他们眼里，一场1小时45分钟的电影太漫长了，因此他们不喜欢看电影。他们愿意去看的电影除了动作片还是动作片。

美国全国大学生体育协会（National Collegiate Athletic Association，NCAA）宣布，在男篮比赛中首次采用30秒计时器，比NBA职业队赛多6秒。当我年轻时为高中母校和宾夕法尼亚州州立大学打比赛时，根本没有什么计时器，一些球队按照惯例还是采用定格（freeze）这一方法。前锋拿到球，先消耗时间，不急着投篮得分，或者拿到球的球队会在投篮前传球30次。如果现在还是这种打法，现场观众恐怕早就不耐烦了。倘若要吸引他们的注意力，你必须认真考虑一下加快比赛节奏的问题。

——盖伦

美国职业棒球大联盟也担心棒球比赛的时长问题，但他们的加速行动惨遭失败。棒球比赛中是没有计时器的。这项运动是从19世纪的农耕文化和慢节奏的生活方式中孕育出来的。我相信十年内，棒球比赛可能会改为七局制，否则受欢迎程度会进一步下滑。

一些喜欢上网的人沉迷于查看他们的脸谱网（Facebook）或其他账号。帕蒂·卢彭和其他几位著名的百老汇演员在台上中止演出，严厉斥责那些在演出中发短信或查看电子邮件的观众，尽管在演出中按规定人们必须关掉电子设备，但这些人觉得如果不能开手机，可能连2个小时都待不住。

根据布鲁克斯的预测，未来我们的非正式或正式的讨论小组真的会多起来吗？这些小组主要分享深入阅读经典书籍的读后感，以形成成熟或创新的观点。将来会有越来越多的人在茶余饭后一起读书吗？如果晶体智力也像布鲁克斯所说的那么重要，那雇主会不会激励公司员工去强化这两种形式的智力呢？

在旅游业中，如果人们的注意力持续时间缩短，那么游客们在各大旅游景点停留的时间也会随之缩短吗？根据游客的上网时间，我们能对他们花在旅游点的时间做个预判。但地域感（景点所体现的美感、历史及其他感官特质，能让游客对旅游目的地建立起一种认同感）会让人们更愿意花更多的时间去深入了解这些景点。

值得一提的是，不管一个人是想专心看完如《白鲸》或《战争与和平》这样的长篇小说，还是想沉浸在动感十足、扣人心弦的电子游戏中，这两种行为都体现了休闲活动塑造人类精神所产生的强大力量。

4.11 权力的终结

在未来，随着权力不确定性因素的增多，休闲活动的不确定性也大大增加。很大程度上，休闲活动取决于环境是否和平、社会是否稳定。就拿公共公园的建设来说，2016年在叙利亚、伊拉克或乌克兰修建公共花园显然是不合适的。

休闲活动及其支持者们都喜欢稳定的社会和自然环境，这两种情况要求政府或其他相关组织拥有一定的权力去推行公共休闲活动计划（假设已拥有强有力的政治支持）。休闲活动体现了社会文明，也推动了社会文明的发展。没有秩序的文明是不存在的，权力的一大作用就是维持秩序。

委内瑞拉专栏作家莫伊塞斯·纳伊姆认为，不管在董事会、战场、教会还是政府里，未来维护权力要比过去难得多。他借用了一个商业术语——进入壁垒（barriers to entry），他认为过去能利用集权轻易地建立起壁垒，使竞争对手陷入困境，但现在这些壁垒正逐步减少。

> 权力在不断传播，也在不断建立，在这场游戏中，大玩家正被越来越多的小玩家和新玩家挑战。拥有权力的人在使用它时受到的约束也越来越多。
>
> ——莫伊塞斯·纳伊姆《权力的终结》
> (*The End of Power*, 2013)

如今的权力不如从前，换不来以往能得到的东西。在21世纪，权力来得快，去得也快，使用的难度更大。小到会议室、竞技场，大到网络空间，争权之战一如往常般激烈，但收效不大。激烈的竞争掩盖了权力稍纵即逝的本质。了解权力如何丧失其价值，并直面艰难的挑战，这是了解21世纪重要趋势的关键之一，因为权力的衰败正在改变世界。

像我们中的许多人一样，纳伊姆欢迎微小势力，即有新见解的人、敢于挑战旧势力的人和那些能够让各个领域内的大玩家对大众需求作出回应的人。但与此同时，他也担心权力的危险变得过于分散。作为一名长期学习和处理国际金融政策和政府关系的学习者和实践者，他担心权力彻底衰退会引发混乱的局面：

> 另一个影响广泛的创新浪潮正在形成，它像20年前的技术革命一样，会极大地改变世界。这一浪潮不会自上而下地发生，也不会以井然有序、快速的方式进行，不会是某个峰会或会议的产物，而是以一种杂乱无章、断断续续的方式进行。这一浪潮的出现是迟早的事儿。获得、使用和维持权力的方式发生了转变，人类也必须找到自我管理的新方法。
>
> ——莫伊塞斯·纳伊姆《权力的终结》

4.11.1 对休闲、旅游与体育的潜在影响

这些对权力的限制会对休闲活动产生怎样的影响呢？当然权力衰落的过程表明，在纳伊姆描述中的日益混乱的政治环境下，休闲的拥护者得不到任何的授权。他们需借助社交媒体的力量来建立支持体系，参与各级政府的工作。人口压力大，而且那些贪婪的金融精英将进一步削弱各州和联邦政府对公园和户外娱乐活动的支持力度。特别是，为保护和享受户外文化传统，支持休闲的人能否在千禧一代和所有年轻人中组织起自己的拥护者，以获得更多的资金支持？

休闲、旅游和体育三者相结合会形成一个很庞大的产业，但政府的支持力

度似乎还是不够。如何解释这种情况呢？难道是休闲活动的支持者意识不到他们工作的重要性吗？休闲活动的确有益于身心健康，如果它能与医疗卫生系统有效结合，能否共同改善人类健康和发展状况呢？这些问题都需要人们来解答。

4.12 政府政策与休闲活动

《独立宣言》称，人人享有不容剥夺的生命权、自由权和追求幸福的权利。休闲活动与人们的幸福息息相关，所以，政府应将其视为一项对公众有益的事业。即使有人不赞成这一观点，政府仍应该将休闲活动视为造福大众的工具。例如，由于休闲活动对健康有益，它有助于有效控制国家医疗保健成本。本书的核心论点之一就是：在未来，休闲活动将在人们生活中占据更重要的地位。如果各级政府在这一系列问题上无法提供强有力的支持，对现有政策没有实质性的调整，这一愿景将难以实现。

在美国，政府对休闲活动起着决定性影响。各州及联邦政府采取的政策影响了人们在工作和休闲之间的平衡，同时，还影响人们对资源的使用。这种影响是多方面的。

政府的直接影响主要体现在休闲政策的制定、项目的设立以及对地方、州或国家公园的土地购置等方面。1972年，美国联邦政府通过的《教育法第九篇修正案》使女性在体育活动中的地位发生了革命性的转变，这一法案的通过对提升年轻女性的自信心和团队合作能力有着重大意义。

政府努力为休闲活动营造良好的社会环境。其间接影响主要表现在政府在以下方面所做出的努力：调整工资、税收和社会财富分配，支持休闲活动提供者的工作，制定操场等基础设施的安全标准，通过专门立法来保护职业运动队，制定旅游巴士、航空公司和游轮行业的安全管理条例，监管食品安全，调整监狱中囚犯的娱乐方式，保护野外自然环境和濒危物种，等等。

如上所述，国家的措施之所以会失败，主要是因为它对经济、政治和社会制度的包容度不够。这些国家可以容忍那些蚕食巨额财富和资源的精英的存在，却对全体国民的教育、生命和财产安全漠不关心。如果人们在心理上对执政政府没有了归属感，如果政府因腐败问题和领导力不足失去了民众的信任，民众可能会奋起反抗，当然也可能不会这样做，但可以确定的是：人们只有在被逼迫的情况下才会服从。

随着中产阶级的减少，美国的收入差距达到19世纪90年代"强盗贵族"时期以来的最高水平，儿童贫困程度倒退到20世纪50年代的水平，国际社会将面对气候变化带来的前所未有的挑战,由技术引发的失业问题愈发严重。因此,未来 20 年内,美国将进入关键的重组期。我们必须进行自动化技术革命;调整教育内容,好让人们认识到休闲活动和创造性自我表达的重要性;向人们传授创业的技巧和态度,将增加的休闲活动转换为新组织、新产品和新服务;确保每一位公民享有金融和医疗保障安全意识。

未来人们可能会看到一个相当自由的环境,人们的生活充满意义和目标。政府会将休闲活动当作一项公民权利吗?如果不会,那它会成为美国梦的一个主要部分吗?无论联邦政府是否会将休闲活动定为一项权利,未来美国人的生活仍然会涉及更多休闲元素。

美国人对这场伟大转变所产生的深远影响并没有做好充分准备。但我们要明白,其他国家也在面临挑战(如,中国现在是世界上最大的工业机器人购买国,近年来,其制造业已减少了数百万个工作机会),所有的国家都在努力应对环境带来的挑战,即使是北欧高福利国家也饱受收入差距日益加剧的困扰。许多国家既没有美国应对这些巨大挑战所需的财力或智力基础,也没有一个稳定的政府,还没有美国人民应对危机时的团结一致。

尽管如此,我们必须认识到:我们中的大多数人还没有将休闲活动当作生活的中心,也未能充分了解"零工经济"。在这种经济模式下,很多人会做三份兼职,联邦政府还会为他们提供收入保障金,扩大其医疗保险范围。相较于世界上很多国家的人而言,美国员工花在工作上的时间和在家工作的时间更长。他们不会像以往一样时常外出度假,还有一部分人根本就不度假。相比之下,法国公司每年会按规定给员工为期 5 周的带薪休假时间,这与整个欧洲和日本的休假制度相近。正如 2015 年德里克·汤普森所言:

> 自建国以来,勤奋一直就是美国人心中的一个信条。工作的神圣和追求卓越始终是美国政治、经济和社交活动的中心。如果工作不复存在,那会发生什么呢?
>
> ——德里克·汤普森《工作的终结》
> (*The End of Work*,2015)

扬斯敦州立大学劳工研究学教授约翰·罗素曾在一篇文章中谈及几年前扬斯敦钢铁厂在关闭时出现的混乱,他这样说道:"扬斯敦的故事就是美国故事的一个缩影。因为它表明,工作岗位消失时,当地的文化凝聚力也随之遭到破坏。相较于经济崩溃,文化崩溃的破坏力更强。"

当那些在学校或工作中训练有素的钢铁工人失业时,他们不知所措。

他们会通过睡大觉和狂看电视等方式来打发时间。很少人会培养自我认知和相关技能，然后能坚定地说："好吧，我决定走出去，自己创业，然后好好经营自己的事业。"

——德里克·汤普森《工作的终结》

有偿工作能决定人们的身份和地位，但讽刺的是，大量工人干的都是重复机械的工作，这些工作机器人和软件也能完成，因此，他们对自己的工作并不满意，觉得毫无价值。

如果人们关于机器人和自动化对就业影响的预测是正确的，那就需要在休闲活动中找到文化凝聚力的新基础。休闲时间突然大幅增加的主要问题在于：大多数人接受学校和工作的规定，这些规定已经告诉他们要做什么以及如何规划时间；很多人都害怕计划自己的时间和生活——因为他们从来没有机会和需要做这些事。伍迪·艾伦根据观察认为，"我们生活的大部分时间就是出来露个脸"，这其实就是在1970年左右人们工作状况的写照。当时，工人和学生被要求着装整齐，按时上学上班，尊重他人，服从命令，完成经理布置的任务，不要抱怨。当时工人们有一种消极被动的状态（被训练成无能的状态），而那些有着稳定工作的人的创造力和自信心也已被这种状态消磨殆尽，一旦失业，他们可能会从此一蹶不振。

因此，作为一个国家，我们必须立即着手培养具备不同知识体系、技能、态度和经历的人，好让他们自信从容地应对这个变革时期，而这种自信来自做热爱的事情时所表现出的极大热忱。新的休闲模式应该是："休闲为了创造，创造为了创新，创新为了创业，创业为了冒险和机会。"政府可以创造一个以学生为中心、以项目为基础的学习环境，让毕业生积极思考，了解自己的兴趣，并围绕自己的兴趣点进行创业。圣地亚哥的高科技学校（High Tech High）[7]就是一个例子。在未来，我们需要成千上万所这样的学校。

政府应当有能力也必须应对即将到来的就业危机。未来有望出现"创客空间"（maker spaces，即为手工业者和普通人提供个人或商业项目所需的用具和机器的非营利性活动中心）。这些工作室将迅速变成社交中心，为那些想成为或已经是工匠的人提供专业领域或私人层面的社交机会。谁知道电焊工、珠宝商、画家和木匠之间的互动会碰撞出怎样的火花，萌发出怎样的艺术形式或商业模式呢？人们将政府的培育资金与地方资源相结合，建立一个全国性的创客体系，它相当于非营利性组织或B型企业。

让我们从就业和休闲的角度来看这些创客空间。人们会自发地来到这里，而在创客空间投入时间是没有报酬的，这说明他们正在体验一种休闲活动，但他们会在能创收的项目上花功夫（例如，学习珠宝制作或为公司制作一个手工的大木质标牌）。也许这些还不足以维持生计，但再打一份零工，外加些许政府生活津贴以及全民医疗保险，这些加起来便能维持基本生活，也会给人安全感。并非所有创客空间的活动都能带来收益，不过，有些项目催生出的新产品或新服务最终确实能赚大钱。关键是我们看到了休闲有助于个人的进步和社会经济的增长。在自动化程度越来越高的今天，人们可自由支配的时间越来越多，这种以休闲为导向的趋势必将成为一种常态。

"工作分担"是德国强劲经济背后的一个重要特征，美国政府可以借鉴，以此作为向休闲社会转型的过渡阶段。德国政府鼓励那些通过降低劳动力工作强度来保持竞争力的公司。如果不裁掉20%的员工，而是每位员工的工作时长缩短20%，这样一来，公司所有的员工都能留下来，避免失业所带来的经济和心理伤害。当然这套方案也不是十全十美——因为并非所有的工作都能拆开来做，也不能完全杜绝员工的流失，但它能鼓舞公司士气，同时也避免了员工因长期失业，工作技能水平下降。但它的风险在于，这种工作模式使员工利益与公司和传统经济挂钩，并不能充分调动员工的主人翁意识和工作积极性，可能会导致员工们看电视和睡大觉的时间更多，而不会让多出来的休闲时间发挥建设性作用（也就是工作和社会即将进行彻底的结构性重组，人们应为此做好准备，培养自己的创业精神及技能，进行自我调整，激发出自主的生活状态）。

很显然，未来税收政策会改变，以此来分配机器人和自动化设备所创造的财富。政府也可以做很多事来帮助人们调整心态，应对处在变革中的全新世界。正如人们在步入工作岗位前必须接受培训一样，人们在面对以休闲为中心的新世界时，也需要接受相关教育。美国艾奥瓦大学教授本杰明·克林因·亨尼卡特认为，如果世界上的工作岗位锐减，大学将再次成为文化中心，它不同于职业学校，在那儿人们可以发现其内心深处的激情和生活的意义。他提醒道，词语"school"（学校）源于希腊语中的"休闲"一词。2015年汤普森表示："过去，我们教人如何活得自由自在；现在，我们却告诉大家要如何工作。"

尽管存在这种消极的观点，我们还是有理由保持乐观积极的态度。有迹象表明，各级政府所提供的公园和娱乐服务对各种健康问题都有影响，在减压相关的体育活动方面尤其如此。2005年戈德比、考德威尔等研究人员调查了住宅附近的公园或户外娱乐设施与个人的体育活动量之间的关系。此外，投资社区娱乐设施的建设，如人行道、自行车道、游泳池等，看来确实有助于改善人们的健康状况。

2016年莫文、格雷费等人发布的一项研究表明，大部分美国民众使用了政府修建的娱乐设施和公园设施，大家都认为受益良多，也愿意为他们享受的这类服务缴税——其中也有不少人愿意为此支付更多的税款。以下就是市民在使用地方政府修建的公园及娱乐设施上所获得的主要好处：

- 体育锻炼。
- 娱乐。
- 享受大自然。
- 有组织地运动。
- 宠物运动。
- 进行游戏。
- 进行家庭聚会。
- 露天活动。
- 进行各种活动。
- 呼吸清新空气。

这些福利与健康直接相关。大众越来越倾向于把公园和娱乐设施看作是一种健康服务，为此每人每年需要支付 70 美金左右的税款，民众对此都能接受。布斯科在 2013 年指出，一名糖尿病患者的治疗费用约为 85000 美元，如果拿这笔钱为民众提供为期一年的公园和娱乐服务，可以惠及 1000 多人。

相较于疾病治疗方案，政府可能会加大在疾病预防方面的投入，因为疾病治疗成本已经占到了国内生产总值的 15%～20%，几乎快将整个医保系统压垮。随着肥胖人口和老龄化人口数量的上升以及中产阶级人数的下降，这些医疗成本也将逐步增加。休闲活动的推行开始被《美国预防医学杂志》这样的医学类健康期刊视为重要因素，该杂志也早已开始刊登与公园和娱乐服务对健康和休闲活动的影响这一话题相关的文章。

这种观点也与另一个想法不谋而合，即社区创建和改造的目的就是要避免人们生病或受伤。这一想法相当于一种大规模的预防措施，是许多国家在应对灾难无效的情况下所采取的另一种补救策略。

第5章 科技与组织生活、工作和休闲的转变

不论是人类生存环境还是科技发展，其改变似乎已经失去控制。科技革新（或技术进步）速度在成倍增长。例如，摩尔定律（Moore's law）指出，纵观计算机硬件的发展史，大约每隔两年，高密度集成电路中可容纳的晶体管数量会翻一番。这一项发现是以英特尔公司的联合创始人高登·厄尔·摩尔命名的。现在看来，摩尔在1965年所做的这一预测被证明是对的，半导体行业也用摩尔定律来指导行业，以制定长期规划和研发目标。很多数字化电子设备的性能与摩尔定律的描述高度相似，如质量经过调整的微处理器价格、内存容量、传感器，甚至数码相机的像素数和像素大小。所有这些改变都在以指数速度增长。

这类呈指数速度增长的变化发生在各种技术领域，这也就意味着我们未来的变化将是革命性的。在这一过程中，历史进程将加速发展，人类是什么、将变成什么样都会在不久的将来找到答案。

技术进步的一大影响就是全球日益提高的生活水平。2015年科赫哈指出：

> 在21世纪的最初10年里，全球贫困人口出现了历史性下滑，中等收入人数几乎翻了一番。但是真正的全球性中产阶级还没出现。
>
> 皮尤研究中心最新发布的分析数据显示，2011年，世界上大多数家庭（56%）仍属于低收入家庭，而按照全球标准，中产阶级家庭只占到了13%。
>
> 尽管2001年至2011年期间，中产阶级比例有所扩大，但其数量的大幅增长主要集中在中国、南美和东欧等地区。印度、东南亚、非洲和中美洲地区的中产阶级数量几乎毫无变化。
>
> 即使是那些刚刚踏入中产阶级行列的人，其生活也处在西方标准的较低水平。根据这项研究所给出的定义，中产阶级的每日开销为10～20美元，相当于一户四口之家的年收入为14600～29200美元。而2011年美国官方所给出的四口之家贫困线为23021美元一年，这表明美国中产阶级年收入水平刚刚跨过贫困线。

图5.1展示了2001和2011年全球人口的收入百分比。在此期间，贫困人

口大幅减少，中等收入人口增加，但大多数人仍处于低收入状态。

虽然取得的成果不尽如人意，但这也是史无前例的。从数据上看，与美国人相比，几乎全世界的人都是"贫穷"的，尽管美国财富分配高度不平衡，但美国在历史上所创造的财富确实首屈一指。

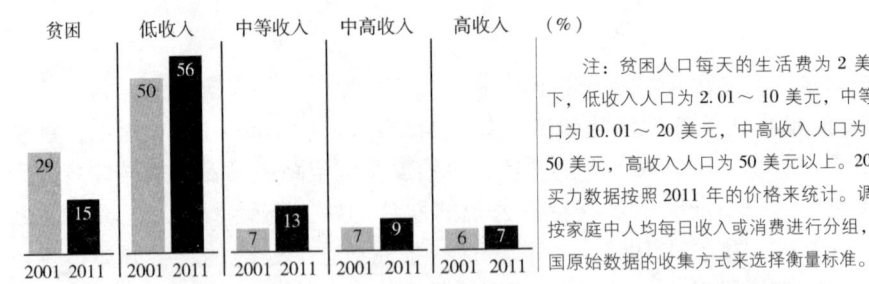

注：贫困人口每天的生活费为 2 美元及以下，低收入人口为 2.01～10 美元，中等收入人口为 10.01～20 美元，中高收入人口为 20.01～50 美元，高收入人口为 50 美元以上。2011 年购买力数据按照 2011 年的价格来统计。调查对象按家庭中人均每日收入或消费进行分组，根据各国原始数据的收集方式来选择衡量标准。

* 数据来源于科赫哈：《全球性中产阶级更像希望而非现实》，2015 年。注解资料来源于皮尤研究中心对世界银行数据库（由哈佛数据库网络所提供的全球发展中心版本）和卢森堡收入研究数据库的数据分析。

图 5.1　2001 年和 2011 年全球人口收入情况对比

5.1　工作的变化

如今的年轻人既要完成工作任务，又要享受游戏和休闲活动带来的快乐，他们玩的有些游戏我们从来没有听说过。即使是现在，我们对此都很难理解，更别说在 20 年后了。确实，我们应该多关注政治、职场、公共财政及其他领域出现的一些现象和趋势，它们对工作和休闲的平衡可能会发挥重要的作用。但如果过多地按照当前趋势来对遥远的未来进行预测，十有八九会失败。我们要辩证地看待社会生活，尤其是政治生活。事实上，19 世纪的德国著名哲学家谢林和黑格尔认为，人类历史是一个辩证的统一体。也就是说，关于趋势和观点总是存在着正反两方的意见，这两者要么结合在一起，要么就会产生出一些难以预见的后果。

本节将介绍组织设计和行为、各种工作的变化以及这些变化对工作和休闲活动所产生的影响。最根本的一点是，我们正处在经济和科技转型的关键期，因此，休闲、旅游和体育运动也会发生相应变化。全球化提高了许多国家的生活水平，但与此同时，它也造成了社会财富分配不均的问题，这一现象在美国尤为严重。休闲资源与它所带来的休闲体验完全是两码事。一方面，二者是分裂的。在职场，唯有人们的创新精神才能给公司带来生机。创新驱动型组织已经认识到了休闲的战略和增效作用（strategic and generative significance）；另一方面，当一大批企业和组织意识到工作可以用更低的成本和临时组建的团队来完成时，他们都会绞尽脑汁地尝试用自动化机器来取代工人，尽可能快地减少管理层在工人身上所花的精力。

本节包含以下内容：
- 用图表说明左脑思维和右脑思维的不同之处；探讨为取得成功和进步，未来社会中的人们所需的新型能力。
- 讨论在以创新驱动的经济中，休闲活动如何融入人们的日常工作。
- 描述政府政策和工作模式领域出现的振奋人心的趋势，如社会福利公司（B型企业），以及政府出台的关于鼓励员工多参加休闲活动的新政策。
- 阐述在那些能被机器人和人工智能替代的大量的工作岗位中，付费型休闲活动可能遇到的风险。
- 指明政府在当今及未来休闲活动中的重要性。

本节前半段提到的工作模式和组织结构设计的改变，或许能解释未来十余年内发生的变化。如福特公司等组织内部的工作岗位大幅削减，这一现象与未来20年后的休闲活动、工作模式和社会生活密切相关。机器人技术、自动化、人工智能的变革如此迅猛，然而，下面提到的情景可能会加速未来5年到10年内的经济发展。

2006年，丹尼尔·平克写了一本书，名为《全新思维：右脑思维为何能主宰未来》（*A Whole New Mind: Why Right-Brainers Will Rule the Future*）。在这本书里，丹尼尔讲到了"3A理论"，即丰富度（Abundance）、亚洲（Asia）、自动化（Automation）。他预言，未来的教育、工作和其他社会领域必定会受到3A理论的深刻影响。这三个因素互相作用，美国、欧洲和日本会形成全新的社会环境，在那里居民和组织也会找到符合本国国情的发展模式。10年过去了，事实证明平克的预言确实有一定道理。

> 财富的充裕极大地满足了数百万人的物质需求，大大提升了人们对美和情感的需求，加速了人们探寻生命意义的步伐。现在，亚洲仍有大量依赖左脑思维的常规白领工作，但其成本要低得多，这迫使发达国家的脑力劳动者精通一些无法外包的能力。自动化对上一代蓝领工人产生了重大影响，现在它又以同样的方式影响着当代白领，这就要求左脑思维的专业人士要掌握电脑无法高效完成的新技能。
> ——丹尼尔·平克《全新思维：右脑思维为何能主宰未来》

实际上，亚洲在世界经济舞台和自动化领域的角色有了显著变化，但美国的就业市场对此显得束手无策。福特在《机器人的崛起：科技与失业未来的威胁》(Rise of the Robots: Technology and the Threat of a Jobless Future, 2015) 一书中指出，2013 年，牛津大学马丁学院的研究人员对美国 700 多个工种进行了详细研究，结果表明，近一半的工作最终会受到机器自动化的影响。普林斯顿大学的著名经济学家艾伦·布林德和艾伦·克罗伊格发现，美国有 25% 的工作岗位最终有可能会转移到低薪国家去。

左脑思维具有序列性、逻辑性和分析性，而右脑思维具有非线性、直觉性和整体性。创造性、同理心、愉悦感、价值感等与右脑有关的能力将会开启人类历史新纪元，也就是 2006 年平克在书中所提到的"概念时代"。传统的美德会被新优势所取代，信息时代的所有基础如经济、文化、学校教育等都会被削弱，更别说休闲活动了：

> 过去的几十年里，有着特定思维的特定人群占主流地位，如会编写代码的电脑程序员、会起草合同的律师、精通数字的工商管理硕士等。但现在称王的密钥转移到了另一种人手中，未来属于那些拥有创造感、共情感和意义感的人。这类人包括艺术家、发明家、设计师、说书人、护理员、善于安慰他人的人、有大局意识的人等，他们会获得社会最丰厚的回报，并能分享其中的乐趣。
>
> ——丹尼尔·平克《全新思维：右脑思维为何能主宰未来》

长久以来，西方社会始终将分析思维作为知识分子的必备技能。但现在，大量的事实证明，机器能以更低的成本、更高的效率完成工作。分析思维只是那些濒危工种的基础而已。平克提出的 6 种能力有助于个人、组织和社会在未来社会里取得成功：

- 设计感。如今，唯有设计精美、脑洞大开和让人动情的产品才能卖得出去，单靠产品的性能已经撑不起销量了。
- 故事力。在知识饱和型社会里，研究成果和数据满天飞，而唯有具备编写引人入胜的故事的能力才能脱颖而出。
- 融合力。在平克提及的"概念时代"里，成功人士身上均应具备以下与众不同的特质：大局意识、整合能力、跨学科和跨文化思考的能力、将不同信息整合成有机整体的能力。
- 共情力。这是理解他人、建立关系和关心他人的能力，是建立信任的根本要素。如果没有人与人之间的信任，就没有高效的团队；没有高效的团队，市场就难以实现创新和快速发展；没有创新和快速发展，组织机构就会逐步走向灭亡。
- 娱乐感。研究表明，人们创造的游戏、幽默、轻松氛围、欢声笑语有益于人体健康和职业发展。它们在一定程度上与创造力相联系，因为，实际上幽默效果的产生就是要出乎观众的意料，创新也是如此。此外，游戏及其规则应该迎合玩家的理念和他们的奇思妙想。

• 意义感。该词指的是那些拥有崇高生活目标的人，那些人不断超越自我，留下的精神财富能够引导下一代的成长。那些追求精神上富足的人比一味追求物质享受的人更健康、适应能力更强。

平克分析了社会结构的变化，逐条列举了这些能力，这为我们探索全球化环境中工作与休闲之间的关系提供了一个有益的研究背景。世界越来越依靠创新网络和生态系统的驱动，因为它们充分利用了人类多样性中蕴藏的创造力，这种力量能为产品和服务增值，提升自然环境的可持续性，丰富人类生活的意义。

对大部分组织机构来说，传统的分级决策非常不利于发展。在许多成功企业内，以合作、团结为宗旨的企业文化取代了老式的准军事化人际关系模式。制定的决策必须向组织机构的服务对象靠拢，这样才能恰当地分配权力和领导力。人们逐渐认识到，生活中处处有创意，因此员工们能自由地将自己的想法付诸行动，并追寻自己的兴趣爱好，而这在18和19世纪是有钱人才有的权力。这些变化对休闲活动来说意义深远。在经济全球化背景下，组织机构要想取得成功，创造力和创新必不可少，越来越多的人将会在工作中体会到"融会贯通的能力"，即把工作转换成娱乐的能力。对于这类人而言，工作和娱乐之间的传统界限将逐渐模糊，几近消失。而机器人和计算机在非技术型或半技术型工作中扮演着越来越重要的角色，以前从事这些简单工作的员工则在争先恐后地争取技术含量更高的工作。事实上，即便是知识含量高的工作也可能被计算机和人工智能所取代，我们的各种行业正逐渐被自动化碾压夺。

组织结构设计方面，创新驱动领域的顶尖公司对待员工的方式已从"命令和控制"转变为"团结和合作"，同时，他们开始关注利益各方的想法。公司充分利用员工的内在驱动力、对成功的向往以及对工作话语权的渴望。因为工作不单单是为了赚钱，人们想要在工作中、在公司里或与外界打交道的过程中寻求一种使命感和价值感。人们将"环保理念"植入企业文化，这不只针对一两个项目，而是体现他们的身份和经营理念。他们用高尚的价值观来打造自己的形象，吸引顾客成为粉丝。

优秀企业靠什么来发挥创造力，推动创新发展呢？领导者们会给工人更多的闲暇时间，或者至少会将休闲和工作相结合。自主型员工作出的创新改变了企业文化，他们以一种略带激进的方式整合休闲和工作。丹尼尔·平克在2010年出了一本名为《驱动力：激励人们的惊人真相》的优秀著作，主要讲述了职场的需求和变化趋势，书中也举了不少例子：

"以结果为导向的工作环境"（Results Only Work Environments，ROWE）让员工有权制定自己的工作日程表，但前提是得圆满完成所有的既定工作目标和任务。麦迪奥斯（Meddius）软件公司 CEO 杰夫·甘瑟首创了这一理念，该公司主要开发帮助医院整合其内部软件系统的软硬件。在这样的工作环境下，公司的产量大幅度提升，员工士气高涨，员工流失率下降。这种工作体制能让员工成为公司的"合作伙伴"，他们完成自己的工作后，能腾出时间参加孩子的棒球比赛，也能在自家花园里办公，上个瑜伽课等。推崇 ROWE 工作模式的组织数量目前仍然不多，但可能会增加。正如甘瑟所说：

> 我父亲那一代人把人看作一种资源，就像你建造房子时所需要的那种 2 英寸×4 英寸（5.08 厘米×10.16 厘米）的木材。但对我来说，我和员工之间是一种合作关系。他们不是资源，而是我的合作伙伴。和我们一样，合作伙伴需要成为自己生活的主人。

又如艾迪奥（IDEO）设计公司 CEO 汤姆·凯莉所说："创意团队的终极自由在于能将新想法付诸实践，一些怀疑论者始终认为创新的代价太大，但从长远来看，碌碌无为比创新所花的代价更高，员工自治推动了这个进程。"因此，如果我们将休闲视为与工作严格区分开来的活动（例如，儿子的棒球比赛或报的瑜伽课），那么 ROWE 工作模式能使休闲赋予生活更多的意义。

新的组织设计想要对休闲和游戏进行整合，然后将其融入企业文化中去。这样既能缓解紧张，又能改善同事间的人际关系，还能激发出关于新产品和新服务的灵感。例如办公楼的内部设计是为了方便公司不同部门的员工之间的交流，而且公司设立的咖啡间也有类似的战略意义（即人际、知识和组织联系以推动公司发展）。员工随时都能打乒乓球、踢足球、打排球或进行其他体育活动，他们可以自己决定什么时候休息。但这个休息时间并不能严格区分工作和娱乐。关键在于，游戏和自由交谈有利于催生灵感和深化关系，这有可能激发创新和促进团队合作。在这种情况下，工作和娱乐两者之间的区别就显得不那么重要了。

"联邦快递时间"（Fed Ex days）就是一个很好的例子，它给员工充分的机会来尝试和实现新产品、新服务和新体验的创意。身为澳大利亚软件开发公司艾特兰森（Atlassian）的领导者，迈克·坎农-布鲁克斯和斯科特·法夸尔发明了这个活动，即公司内的员工在这段时间可以不完成公司指定的任务，而是做自己感兴趣的项目。他们有 24 小时的时间在各种非正式场合向同事展示或交流他们的想法，这个过程就像联邦快递。一位工程师说："我们有些最酷的想法都是在这个活动里产生的。"于是公司增加了这个活动的频率，以便工程师能够坚持他们最初的创意。为了有所收获,工程师们经常通宵达旦做项目,心理学家用"心流"(flow)[8]一词来形容这种专注程度,也就是说,他们这种乐在其中的体验将工作变成了娱乐。

澳大利亚软件开发公司的这个活动取得了不错的效果。明尼苏达矿务及制造业公司(Minnesota Mining and Manufacturing Corporation,以下简称"3M公司")也有一个类似的政策,持续了75年。20世纪30至40年代,威廉·麦克奈特时任3M公司CEO,他深知内在驱动力的重要性,并制定了一条简单的信条:"聘请优秀的员工,并给他们足够的空间。"每周,员工有15%的工作时间可以投入到自己的项目里,而这个政策保留至今,它为3M公司创造出很多重要的产品,包括现在广泛使用的便利贴。

3M公司的想法的确很超前,这也验证了帕特里克·豪伊的观点:

创新和变革都属于社会现象,需要克服许多强大的心理和社会阻力。……变革的过程很长——从初始阶段的创新期逐渐发展到变革期,变革结束后还会经历一段长时间的调整期。

——帕特里克·豪伊《革命进化论》
(*The Evolution of Revolutions*,2011)

如今工作和休闲发生的变化正步入豪伊所说的剧烈"变革期"。

谷歌也仿照以上公司制定了自己的创新制度:20%时间制。即每周5天中,员工有一天的自由时间可以用来发掘和实践自己的创意。平克在《驱动力:激励人们的惊人真相》一书中提到,公司的工程师亚力克·普劳德福特表示,这个政策源源不断地激发出很多好点子。管理层不再执着于控制下属,更多员工体会了全身心投入到自己感兴趣的事情上的专注与激情。平克认为,这些政策应该成为标准:"正如所有的设计师或艺术家所认为的那样,在需要新视角、创造力和理解力的经济体中,这类政策变得尤为重要。工作自主性是发挥员工创造力的关键因素。"

目前的变革挑战了"管理即控制"这一理念,同时也出现了一些鼓励人们自发工作的前瞻性政策。自主性让越来越多的人体验到"心流",它有一种魔力,能让人们深深地沉浸在有意义的活动中。正如运动员所说的那样,"心流"是人完全专注于某个活动时的全神贯注而兴奋的感觉。西卡森特米哈伊在1990年指出,自主性和"心流"将成为高品质休闲体验的标志。这些政策模糊了工作和休闲之间的界限,我们不应该再关注休闲和工作之间的区别,而应把注意力放在如何让个人和组织创造出高"心流"环境这个问题上。

此外,自主性很强的员工对工作有自己的想法,他们不太能接受程式化的跟团游或者严格管理的旅行团（首次出国旅行除外）。那些在工作中常被请教的人们希望在休闲时也能发表意见。戈尔公司是一家知名的户外设备和运动服面料生产商，该公司研制的戈尔特斯面料（Gore-Tex fabric）广泛用于户外用品和运动服饰，公司研制出的产品种类高达 1000 多种。很多问题诸如对哪类产品进行项目研发、研发团队的人员分配、年底加薪员工名单以及 CEO 的人选等，均由该公司的员工自己决定。在一个权力结构扁平的公司，权力被分配，员工被鼓励去尝试新事物，因此他们不太可能成为休闲产品和服务的被动消费者。

而技术含量低、商品化程度高的经济却是完全不同的状况。公司老板及高层都十分贪婪，他们和员工、顾客及大众保持距离，雇员对公司的忠诚度和支持力下降。19 世纪资本主义模式下的股东（shareholder），与现在的利益相关者（stakeholder）不同，老板更想按自己的意愿招聘员工。

为了证实了上述观点，拉塞尔·塞奇基金会对年收入超过 100 万美金的美国人做了一项民意调查。调查发现：极少数精英人士和大多数美国人的观点存在巨大分歧。如在环境问题上，超级富豪希望政府要少投资，而民众则认为要多投入；在医疗保健方面，民众认为政府应加大扶持力度，实现医疗保障全覆盖，而富人们则希望政府少花点钱；在社会安全方面，政治独裁者们希望减少经费投入，而民众则认为社会保障制度应该惠及更多人；百万富翁对美国企业扩张海外业务持支持态度，而民众则认为扩张得已经够多了；富人阶层支持与中国进行贸易往来，而很多民众则持反对态度。产生巨大分歧的原因在于政府和就业保障的角色差异。2014 年皮尤指出，一方面，政府致力于确保所有想要工作的人都能如愿以偿，但上层阶级并不支持政府的这一做法；另一方面，人们对就业保障的焦虑态度充斥着整个社会，这会对塑造休闲消费的金融环境产生一定的影响。

这一想法源自弥尔顿·弗里德曼，他的观点近乎冷酷，他认为除了股东和董事会成员，企业无需对任何人承担道义上的责任。尽管在未来 20 年，工人的权利会越来越受到保护，但在当下，大多数企业仍然追求利益最大化。许多人想改变定期调薪制，尤其是年度调薪制，用一次性津贴和个人奖金来取代。尽管一块由苹果公司生产的新款手表、一瓶价值 200 美元的啤酒、生日当天放假等福利都很不错，但是它们的价值不会随着时间的推移而增值，年度加薪可就不一样了。过去 30 年里，除了非常优秀的雇员，其他所有员工的货币工资都在减少。即使国家经济出现了一定程度的复苏，但家庭经济状况令人担忧。2015 年摩根大通研究所研究员坦克斯利发现，在短时间内，家庭收入出现了很大的波动。2013—2014 年，25% 的人发现自己的工资上涨或下调了 30% 以上。报告发现，制定一个月度预算来严格控制所有花销是很难的。诺贝尔经济学奖获得者保罗·克鲁格曼参考了皮尤研究中心在家庭经济状况方面的研究后发现，47%的人说他们没有足够的收入来负担预算外的400美金——仅仅400美金而已。他们只能通过卖东西或借贷的方式来填补额外的开支。

技术含量低的工人的就业选择越来越少。如今，电脑能完成餐厅服务员的部分工作，也会有越来越多的机器人提供居家照看服务。因此独立承包商、短期雇员及自由职业者的人数将大幅上升。风险资本家和互联网专家玛丽·米克称，美国有5300万劳动力，占总劳动人口的34%，这些人认为自己是独立承包商。

美国国家公共广播电台播出了一档由亚当·戴维森制作的名为《全球财富》的节目。很多人，不管技术熟练与否，都在为这档被称为"好莱坞模式"的节目工作。

> 在节目中，当一个项目确立后，就开始组建工作团队，人们在一起工作，完成任务，然后解散。这种以项目为基础的短期商务模式是企业模式的替代品，它需要预先投入资金创办企业，然后雇佣能为公司提供长期服务的员工，这份开放性的工作可能要做数年甚至是一生。这个模式也不同于优步（Uber）公司的零工经济，后者工作模式的特点是工期极短，通常是一天内、一个人就能处理好的工作任务。
> ——亚当·戴维森《关于工作的未来，好莱坞能给我们什么启示》
> (*What Hollywood can teach us about the future of work*, 2015)

戴维森和其他人认为这个转变是基础性经济重组过程的一部分：

> 我们现在处在百年经济史上很反常的一个时期，出售同类产品的大型企业占主导地位。20世纪60年代，随着日本和德国的崛起，美国的这一系统开始出现问题，首先发现问题的就是美国的制造业。21世纪，中国的竞争力增强，美国系统随即四分五裂。后来就出现了适应力稍强的好莱坞模式。

这种模式可能会影响员工的收入，而且如果基本盈利得不到保障，公司也不会支持这一模式。此外，项目制的工作时间往往无法预测，这会对休闲产生怎样的影响呢？这一新系统似乎更偏好受教育程度高、有特殊技能的人，这些人手头上的项目排得满满的，因此可能感觉不到新系统与旧模式的不同。然而，其他人可能需要花上不少力气来适应这种新的工作模式。如果工作日程安排波动较大，那么员工在制定多天假期计划时是否会有安全感呢？人们是否会因为担心错过立即解决问题的时机或开始新项目的机会，而更不愿意报名参加国际旅行？他们会因为无法预测自己的时间而放弃参加当地垒球联盟的比赛吗？但在固定工作5天、每天工作9小时的旧工作体制下，他们却可以参加。如果戈尔公司（W. L. Gore）、谷歌公司（Google）和3M公司等创新型公司通过给员工更多的独立性和主动性来促进工作和休闲的融合，那好莱坞模式是否会打乱家庭活动并限制某些休闲方式呢？

这部分劳动力的快速增长是否会增加人们对宽带网络的需求呢？米克指出，2/3的独立承包商认为，互联网让找工作变得容易，41%的承包商曾通过互联网承接项目。在休闲时间方面，有了宽带网络，一家人或生活在同一屋檐下的人可以在一个房间里看电视，在另一间房里一起打电子游戏，在其他房间里用无线网络。但宽带的费用比老式的基础网络设施要高很多。

企业家们会开办营利性或非营利性机构来满足部分特定人群或社会的需求。当世界各地的企业里工人士气低迷，而企业对此却束手无策的时候，会有更多的人想自己创业、成为企业家。许多有想法的雇员宁愿自己奋斗，也不愿继续待在公司，忍受着公司的恶劣待遇。即使是创建和管理只有两三个员工的企业，也需要花不少心血，劳心劳力。企业家精神的兴起并不会减弱企业家对娱乐和休闲活动的渴望，但可能会因为时间或资金紧张而影响他们的参与度，因为许多公司在盈利前的好多年里一直处于亏损状态，还有不少企业运营不到5年就倒闭了。

此外，政府对小型企业的税收等政策会推动或阻碍企业的发展。有迹象表明，美国的经济在持续增长了几十年后出现了大萧条，自那以后，美国新创企业的数量就一直处于停滞状态。20世纪70年代，每年有3%的美国家庭开始自己创业；到了20世纪80年代末，创业家庭的比例达到了4%；到20世纪90年代末更是上升到了5%；但在美国经济经历大萧条以后，这一比例一直停留在5%。世界银行集团国际金融公司高级研究员卡米洛·蒙德拉贡·韦雷斯表示:"如果在经济大萧条时期，美国的企业数量也能像过去30年那样发展，那现在美国创业型企业家数量可能早已突破100万。"但正如2015年坦克斯利所指出的那样，处于创业阶段的中产阶级家庭要比大萧条之前少，而且现在要想创业，就得投入更多的时间、金钱和知识。随着收入差距拉大，中产阶级的工作被自动化取代或外包到海外，企业的发展岌岌可危。华尔街上的金融公司贪欲满满、道德沦丧，而且之前布什政府和国会对这类企业监管力度不够，这都导致美国陷入了经济大萧条。因此，政府不单要制定有关创建小型企业和创业的相关政策，同时还要大力调节可支配收入，它是休闲服务产业得以建立的经济基础。

令人激动的是，社会上出现了与利益最大化原则相悖的B型企业。字母B

代表的是英文中的"利益"（benefits）一词，这里特指社会利益。B 型企业以营利为目的，然后将企业盈利投入到社会所期望的项目上去（如为贫困青年提供奖学金）。美国 50 个州中有 35 个州通过或引入了允许建立 B 型企业的相关法律法规。B 型企业必须依法说明企业的社会目标和预期的社会效果。目前国家已建立起企业认证体系，以此来衡量企业对既定目标的遵守程度及其进展情况。企业不会把所有的关注点都放在股东身上，所有与企业利益相挂钩的因素，如顾客、员工、供应商、当地社区、环境等，他们都很在意。这类企业以社会为导向，其数量也在不断地增加。它们的存在清楚地表明，尽管企业也有贪婪的一面，例如传统企业付给 CEO 高额薪水，但青年一代的企业家已然掀起了一场轰轰烈烈的抵制运动。顾名思义，B 型企业既然支持生态可持续发展和保护自然遗产，那就更不用说会善待员工了，这些对推行娱乐活动和保持身体健康都至关重要。

马里卡尔在 2015 年提及一家 B 型企业，它将工作和休闲结合起来，形成以员工为中心的企业文化，从而让停滞不前的行业出现了一家利润丰厚的企业：

> 亚瑟王面粉公司的做法有些与众不同。
>
> 这家位于英格兰诺里奇的面粉公司有着 225 年的悠久历史。之前，该集团是一个家族企业，1996 年改为员工集体持股型企业。该集团有三位 CEO，分别是首席财务官、首席营销官以及人力资源副总裁。该集团在公司内为员工准备了免费食物。让该公司引以为豪的是，公司员工的离职率大大低于制造业/营销行业的平均水平——13.3%。该公司称，2014 年一年的公司收入超 1 亿美元，也就是说，在过去的 4 年里，该公司的复合年均增长率都维持在 5.4% 以上。从那时起，许多人开始认识到该面粉厂经营制度的强大威力。

亚瑟王面粉公司采用这种管理理念，在与西南航空、北欧航空、谷歌、维格曼斯食品超市及其他公司的合作中保持了持续的高收益。他们秉持一种观点：善待自己的员工，员工必会善待公司。在公司内部建立起一种服务型企业文化，帮助公司更有效地服务社会，同时也能在更大范围内获得社会的回报。

有人认为，在过去 30 年中，美国工人都是被利用的对象，而 B 型公司的诞生是他们的福音。除此之外，也还有一些振奋人心的消息。美国有更多的州开始上调最低工资。麦当劳等跨国公司的连锁店曾出现过虐待员工一事，2015 年 7 月，联邦政府对案件进行了处理，追究了涉事人员的法律责任。联邦政府认为，麦当劳等连锁店和跨国公司应承担起责任，让因被虐待而上诉的员工获得合理的经济赔偿，这样双方才能达成和解。此外，联邦政府正在处理某些公司不付加班费的问题。2015年咨询师弗兰·萨瑟·罗杰斯写了一篇文章讨论《公平劳动标准法》的相关部分，不久以后，2015年7月，联邦政府出台了新政策。该文在讨论长久以来被人们忽视的劳动法部分内容方面起到了一定的积极作用：

> 目前（2015年6月），如果你是一名年收入在23660美元以下的员工，每周工作超过40小时后，你就能要求公司支付1.5倍工资的加班费。调整后的工资至少要比起薪高出2倍，这会对数百万员工的生活产生影响。
>
> 1975年是起薪大幅提高的最后一年，60%的带薪员工认为自己符合支付加班工资的要求。但据美国经济政策研究所统计，目前符合加班工资标准的员工只占8%。按照新规定，应该对数百万员工重新进行分类。但商界人士反对新规定，称之为"工作杀手"。而支持者希望这项新规定能在创造就业机会、处理收入不均、应对工资不变等方面产生积极影响。

这种对员工故意的、带有欺骗性的错误分类，是管理者榨取员工更多时间和生产力的一种方式，这剥夺了人们享受休闲活动的机会。

除了俄罗斯和中国，美国员工的工作时长在世界主要经济体中占据榜首，雇主仍在不断压榨员工的时间和精力，还希望他们能在没有额外工资或其他福利的情况下继续工作。好在联邦政府对政策进行了调整，否则许多雇主仍将继续剥削他们的员工。罗杰斯在讨论对休闲未来的影响那一章中，向我们分享了她针对《财富》杂志选出的前十家公司关于弹性时间的一个小型研究，她写道：

> 我与20多名员工进行了交谈，她们一周只要工作4天，就能保住自己的工作岗位和福利。但这群女性得履行先前所有的工作职责以换取以前工资的80%。我原以为她们会愤愤不平，但她们却是我见过的最开心的员工之一。因为她们可以避免参加一些无聊的会议或工作，她们喜欢专注于重要的事情。
>
> 美国人经常超负荷工作，感到疲惫，压力大，这些会严重影响个人健康，也不能好好地照顾自己的孩子。

写完这篇文章后不久，美国总统奥巴马宣布了一项行政命令，表示将加班费参照工资水平上调至50000美元。这样一来，百余万个美国人的收入得到了提高，找到新工作的机会更大，休闲时间也会增多。然而，联邦法院在 2016 年 11 月份又推翻了这一项行政命令，因此这一问题似乎不大可能消失。如果老板不愿意付加班费，那他们要么提供更多的工作岗位，要么就不再给员工增加无聊的工作。不管哪一种方案，员工都欣然接受。

上文认为，尽管有时新技术的"破坏力"很强，但新的就业岗位会解决工人的失业问题。例如，播种机、收割机和农业工具的诞生使农业领域的就业机会锐减，但随后，移民人口涌入城市，制造业规模扩大，就业机会也随之多了起来。制造业在产业革新后开始裁员，服务业又吸纳了大量的人员。政府在舒缓和转移压力、净化劳动市场方面还是起着重要作用，因为失业补偿金、再培训计划等能让人们在找到新工作之前勉强度日。无论过去技术创新的影响有多大，但要想提高物质生活的标准和生活质量，必然要经历技术创新这一过程。

然而，在未来 20 年里，技术在拓展人类能力方面的可能性会越来越小，因为它将会成为人类能力的替代品，并很可能威胁到社会根基。20 世纪 30 年代的大萧条时期，失业人数仅占劳动力总人数的 1/4 多一点，数百万失业民众的生活苦不堪言。试想一下：未来的技术革命会导致半数的现有工作消失。此外，在网络数字经济时代，赢者通吃，那么在未来，掌握在极少数精英人士手中的财富远比今天还要多。这也许是一个解决暴力事件频发，避免包括美国在内的很多国家逐渐走向分裂等问题的方法。例如，中国正致力于将机器人广泛应用于制造业，导致过去的几年里，数百万个制造业岗位消失。麻省理工学院的经济学家达隆·阿西莫格鲁教授和哈佛大学的政治学家詹姆斯·A. 罗宾逊教授合著了《国家为什么会失败》一书，其主要论点是：随着时间的推移，实力强大、经济繁荣的国家的社会、经济、政治结构和发展过程更具包容性。一个失业率达 50% 的国家绝对难以继续发展下去，虽然那些吸血鬼般的精英人士沉迷其中，但一旦国家发生内乱，那绝对是灾难性的。

本书涵盖的时间是 2015—2035 年。阅读本文的年轻读者必须明白，你们正身处人类历史上前所未有的变革时期，这将深刻地改变你们的生活。在很大程度上，产生这种划时代变化的原因在于机器功能的日益强大，它们可以用于展示人们的好奇心、实现自我提升、研发新产品、解决新问题、创造新艺术甚至开发新机器等。人工智能算法已用于原创画作和原创音乐领域——2012 年，伦敦交响乐团演出了一首名为《转换——通向深渊》的作品，这也是一流管弦乐队演奏的首支由计算机所创作的乐曲。斯坦福大学教授约翰·科扎将以生物进化原理为模型的"基因算法"作为"自动发明机器"：

这项技术已经分离出至少 76 个病例，在这些病例中，遗传算法生成了很多设计，这些设计能与各个领域的工程师和科学家的作品相媲美，包括电路设计、机械系统、光学、软件修复和土木工程等领域。其中两项设计还申请了专利权。

——福特《机器人的崛起：科技与失业未来的威胁》

美国西北大学的智能信息实验室开发了一套名为"统计猴"（Stats Monkey）的软件，该软件能把一场体育比赛的资料转换成一篇叙事文章，在不需要人为介入的情况下实现了体育报道的自动化。诸如此类的发展鼓励了叙事科技软件公司（Narrative Science）的联合创始人克里斯提安·哈蒙德（他的公司开发了"统计猴"软件），他预测：未来15年内，90%的体育报道将实现自动化。

本节前半部分讨论了工作模式和组织设计在未来10年的变化。福特汽车和其他公司出现的大规模工种的消失，可能与我们对休闲、工作和社会的二十年规划有着密切关系。机器人、自动化和人工智能的发展日新月异，但是接下来的进程可能会进一步加快，并在未来5到10年内结束。

正如网景公司（Netscape）的联合创始人兼风险投资人马克·安德烈森所说，"软件正吞噬着世界"。几乎可以肯定的是，基于云技术的软件将淘汰以计算机数据处理为中心的工作。这一过程已经开始，过去的企业巨头和现在的金融巨头的规模已经有了根本性的差别。许多互联网公司的利润很高，工人数量却相对较少。2015年福特认为：

> 例如，在2012年，谷歌的产值达到了近140亿美元，但其公司员工还不到38000人。相比之下，汽车制造业的员工人数在1979年达到了巅峰值，仅通用汽车公司一家就有84万员工，但公司产值仅达110亿美元，比谷歌低了20%。而且，这还是通货膨胀调整之后的情形。

2014年美国劳工统计局的一项研究显示，从整体经济来看，技术和管理体系的改善提高了效率和生产力：

> 1998年，美国的公司员工工作时间总计达1940亿小时。15年后，也就是2013年，经通货膨胀调整后，美国企业生产的商品和服务的价值增长了约3.5万亿美元——产量增长了42%。完成这些工作量所需的人工劳动时间还是1940亿小时。

劳工统计局经济学家肖恩·斯普拉格整理出了这份报告。他指出，这些数据意味着，在这15年里，尽管美国的人口增加了4000多万人，也出现了成千上万家新企业,但是,美国的总体工作时长完全没有增长。
　　——福特《机器人的崛起:科技与失业未来的威胁》

很显然,随着互联网经济的兴起,再加上机器人、软件和人工智能等技术的迅猛发展,"劳动密集型"一词可能会就此退出历史舞台。基于互联网所取得的财富都会遵循赢者通吃的模式,这一趋势会加剧收入不平等的情况。如果人们都失去了工作,以互联网和自动化为主的工作可能会削弱美国甚至所有国家未来的实力。由于就业前景不佳,年轻夫妇可能会考虑不生孩子。

　　目前,我正在给一个团队做咨询,他们在为开发一套新的制药业的质量管理软件寻找经费。在生产、包装、运输和销售药品的过程中,任何一个阶段发生错误都可能带来严重的后果,有时甚至是致命性后果。如果在质检(通常是人工)过程中未能检测出药物中的错误,服下此类药物的人可能会出现不良反应或死亡。联邦政府的规章制度相当严格,对公司来说有时会难以理解和接受。因为一旦违反规定,处罚金往往高达数百万美元。

　　我朋友的团队在创建和管理国际一流的以流程为导向、严格按指示行事的工作流程方面有着丰富的经验,产品质量甚至达到 7 西格玛质量标准(Seven-Sigma quality,表示一个企业的瑕疵率是每 10 亿次操作中出现误差的次数小于等于 20)。这种基于软件的质量管理系统将极大地减少合规性错误(compliance error)和风险,包括病患或临终病人、法律诉讼和公司罚款等问题。

　　但如果我们有了资金并将开发好的软件投入市场,那么目前在制药公司质检部门工作的员工将有 90% 会失业。在这种情况下,应该优先考虑哪方的利益呢?当然是消费者利益占上风。因为人们不必再担心医生所开药方的安全性。

　　然而,这种看似完美而又万无一失的系统将迫使相关员工失去工作——有些人的生活甚至会一团糟,对此,我不禁隐约感到有些愧疚。在这个经济蓬勃发展的时代,他们还能找到类似的工作吗?他们的公司会为他们提供再培训作为遣散费的一部分吗?家庭梦想会被搁置还是彻底破灭?变故和混乱带来的压力会提高离婚率吗?

　　机器人、软件和人工智能技术的爆炸性增长,让所有人明白了进步的痛苦代价。即使总的来说,进步取得了明显的积极效果,但都免不了要付出人力、财力或其他方面的代价。

　　　　　　　　　　　　　　　　　　　　　　　　　——盖伦

引领变革：休闲、旅游与体育的未来

2015 年，福特认为，机器引发的失业问题影响巨大，前所未有的失业威胁（随之而来的就是毁灭性的通货紧缩）是如此真实，因此，美国联邦政府为了维持合理的经济需求，避免发生内乱，不得不以立法的方式来保障每位公民的收入。这种个人补贴不仅是一种必要，同时也被证明是一项正确的举措。因为从世界上第一台现代计算机，到创造了因特网的美国国防高级研究计划局（the Defense Advanced Research Projects Agency，DARPA），再到 K-12（幼儿园、小学和中学教育的统称）、高等教育和医学领域等各个领域内计算机的使用，以及远程教育和远程医疗项目，美国政府都率先投入了大量的财力，依靠计算机和互联网进行了经济领域内的革命。在数字革命时代，极少数人建立了赚取大量财富所需的基础，它主要来自联邦政府税收，来自那些生计已经或很快会受到自动化、机器人和人工智能威胁的人们。

5.1.1 对休闲、旅游与体育的潜在影响

不管像亚瑟王面粉公司这样善待利益相关方且有社会责任感的公司提供了怎样的休闲机会，低收入人群的休闲选择都会在很大程度上受到联邦各州、联邦政府选举政策和政府规定（如最低工资法、美国劳动所得税抵免政策等）的影响。如果政府能进一步参与到建设协作型、创造型、创新型经济的人才储备之中，能为那些因技术变革而失去工作的人提供一个更强大的安全网络、更多的再培训机会，那么，这将会对休闲时间、休闲活动的选择以及人们的可支配收入产生极大的影响。上文提到，工作环境发生了深远而快速的变化，这将会对休闲活动的质量、数量及其本质产生巨大的影响。然而，在接下来的 20 年里，在了解工作和休闲机会方面，政府的角色同样重要。例如，掌权者们的生活很是体面，但要维持这种形象会减少或增多他们接触某些娱乐场所和休闲活动的机会。联邦政府应该继续购置和保留休闲活动的场地吗？还是联邦政府应该不再继续购置场地，而应转而试着对现有公园和储备耕地进行维护呢？此外，联邦政府通过 K-20 教育体系向人们提供了教育机会，而教育的质量和数量会影响人们在休闲活动中的感悟。如果教育者们继续向学生讲授掺了假的美国历史，那学生们会对他们的所见所闻心怀感激吗？他们又会不会和自己的孩子分享这些经历呢？

新出现的工作和组织模式会极大地影响休闲娱乐的规模和范围，这包括但不限于旅游和体育活动。休闲活动的有效性和形式会受到可支配收入、文化价值和期望等诸多因素的影响。在未来，这种影响程度可能还会加深。自由职业者完成的工作越来越多，除非政府加大干预力度，改进失业工人的社会保障体

系,以帮助提高劳动力市场效率,减轻劳动力大军的焦虑,否则,在好莱坞工作模式下,人们的日程安排和收入也越来越难以预测,工人也会越来越没有安全感。另一方面,那些重视创新性、想象力、主动性和创造力的公司里的人们,将在很多自由时间里感受工作和休闲的融合,并尽情地投入到自己喜欢的工作中去。

简而言之,休闲、娱乐、旅游和体育会沿着既定的经济规律向前发展。除非出现某种能对社会财富进行再分配的政治力量,出台一套政府政策,将休闲和娱乐看作是文明社会中人与生俱来的权利、创造过程中的关键要素。这些都是成功的新基础,它们正受到灾难性气候变化、人口增长和人口分布等问题的威胁。

5.2 设计人类

众多科技领域内,关于信息的种种变革远不敌科技进步带来的影响大。尽管基因研究让人们对遗传天赋有了更深的了解,但如何使用这种知识还不太确定。有时人们可能会读取 DNA,而如果能读取,也就意味着能写出 DNA 结构,并能根据具体要求"设计"人的生命。几十年前,人们早已预测到了这个趋势。

我们可以预测人类基因的详细信息,这会为医学和生物科学的发展提供新的路径。基因测试可以测出乳腺癌、凝血障碍、囊性纤维化、肝病等多种疾病的易感体质,其他疾病的测试开发和管理也变得更容易。此外,2012年贡萨加·哈乌雷吉等学者指出,基因信息可能有利于对癌症、阿尔茨海默病等临床疾病的病原研究;从长远来看,基因信息能推动疾病管理取得重大进展。

对生物科学家们来说,基因测试也有很多切实的好处。例如,它能帮助某种癌症的研究人员将范围缩小到一个特定的基因。研究人员利用人类基因组线上数据库,可以将其他科学家对这一特定基因的描述作为研究对象,如数据库中可能包含该基因产品的三维结构图,基因功能,与其他人类基因的进化关系,与老鼠、酵母或果蝇等基因的进化关系,潜在的有害基因突变,该基因与其他基因之间的互动,能激活该基因的机体组织,与该基因相关的疾病等数据。

人类基因知识也可能会产生出很多问题。如何防止雇主或私人健康保险公司利用这些知识来筛选并剔除那些极易患病或身体状况差的人?保险公司的精算表总是会衡量风险,如果表中对风险有确切的描述,而公司又以盈利为目的，那这会给那些易患病体质的人（如肌肉萎缩症患者）带来什么样的影响呢？人类基因植入会产生什么样的后果？如果改变一个或多个基因就可以改善胎儿的智力或外貌，那我们又该如何对基因技术加以限制？谁来掌握决定权？未来会出现禁止基因拼接的运动联盟或公立学校吗？应不应该将基因信息纳入线上约会活动中去呢？什么能够阻止根据基因信息来对人进行分类的行为呢？因为基因信息可能会决定人们的生存机会。

未来有可能会出现两极分化的社会。一极通常是有宗教信仰的移民，该宗教会教导人们不要干预命中注定的事，例如意外怀孕或怀上患有唐氏综合征的胎儿；另一极的人们则要根据所有已知信息来决定是否要孩子、何时要孩子，他们会去了解胎儿的 DNA 以及提高胎儿的智力水平和身体状况的方法，让胎儿具备理想中的特征。当大家了解了后者的人们在生活机会、财富和健康方面的优势时，这两极就会发生冲突。

5.2.1 对休闲、旅游与体育的潜在影响

基因对体育活动的影响尤为显著，但它也会对休闲活动产生影响。在竞技运动中，训练运动员的人会充分利用各种信息，如运动员身体素质、个性、智商以及其他特点来塑造他的赛场表现。然而，试想一下，人们会根据输掉比赛的记录或早前的医疗信息，来预估运动员受伤的概率以及出现心理或生理衰退的可能性吗？女足联盟难道会要求报名参加比赛的运动员提交相关信息，然后对他们明年的受伤概率和身体状况进行预测吗？那些受伤概率高的运动员会被拒绝参赛吗？他们到底应不应该参赛？运动精神会淹没在海量信息中吗？要知道，所有的物种都有娱乐活动——比如狗类游戏、儿童游戏、成年人娱乐（网络游戏、舞台表演等）。成年人的娱乐活动有时也会与狗类游戏或儿童游戏类似。

荷兰历史学家约翰·赫伊津哈在 1950 年出版的著作被认为是关于游戏（play）的最重要的研究成果，在书中，他对游戏的特征有如下定义：
- 自愿行为。
- 离开"惯常生活"。
- 在时间和空间上有事先计划，也有一定的限制。
- 轻松并具有强烈的吸引力。
- 有游戏规则。
- 促进"小团体"的形成。

虽然我们可能认为游戏只是出于一时兴起，也没有什么规则，但约翰·赫伊津哈告诉我们，所有的游戏都是有规则的。有些规则在游戏开始前就已经确

立了（例如跳棋、足球等），而有些游戏规则是在游戏的过程中形成的（例如儿童玩的过家家、扮演娃娃或士兵、飞盘游戏等）。孩子们在玩角色扮演游戏时，只有弄清楚角色和情节后，游戏才能开始。当对规则有异议的时候，游戏就会被中止，玩家们要解决完争议才重新开始。玩游戏时，即使孩子们玩得十分投入，他们心里也清楚这只是游戏。游戏跟理性无关，有它自己的规则，不适合用非常理性的、科学的眼光来看待它。我们玩游戏只是因为我们想玩，或者因为游戏有趣。

即使游戏本身不存在任何目的性，许多社会科学家也认为，游戏展现了孩子们的文化特质。有时，游戏会被认为是小孩子和平解决矛盾的方法。研究人员认为，通过游戏，我们可以测试孩子的好奇心，而且他们不用遭受失败的打击。

此外，我们也可以从社会心理学角度对游戏进行定义。社会心理学表明，人需要对信息或知识进行处理。1968年伯莱因认为，信息流和各种不确定性因素之间存在着一种联系，当人面对一个无法预测后果的刺激时，就会产生冲突（conflict），促使他对信息进行处理，以减少不确定性因素。从理论上看，遇到这样的刺激后，每个人都会想尽办法寻找信息。正如1973年艾利斯所说，游戏是一种"将兴奋点提升到最佳状态的需求动机下产生的行为"。

一些研究人员试图从表现控制力的需求或对环境的影响力等角度来解释游戏。例如拼拼图或者把一团纸从很远的地方扔进垃圾桶，即使没有奖励，这种行为也是一种掌控环境的表现。

这两种理论有着密切的联系。两者均认为：制造一种环境效果是为了寻求刺激或处理信息。艾利斯总结道：

> 游戏的产生源于寻求刺激、学习以及认知动态的发展的结合。寻求刺激模式解释了人们超越生存需求而与环境互动的方式。通过学习所产生的后果会积极地调节刺激行为的内容。这种学习的累积效应与寻求刺激动机相互作用，该互动非常复杂，乃至引发了一个向上的螺旋运动。这条发展路径上的相似之处将持续的成长过程分成了不同的发展阶段，在这个阶段中，我们可以看到，发展中的个体几乎在同一时间经历了类似的阶段。

这意味着人们需要刺激。如果他们被放入一个水温与体温相同的黑暗水箱中，在这样一个黑暗且绝对安静的空间里，人们会非常渴望刺激，往往可能产生幻觉。我们玩游戏的原因也是需要刺激。当我们走在街上，没有什么东西能吸引我们的注意力时，我们可能就会开始注意人行道上的裂缝，然后编出一个走路时不踩裂缝的游戏。实际上，我们已经开始在探索周围的环境，借此来寻求刺激。这个游戏可能影响未来的游戏方式，而且人们的渴望也在不断增加，因此，未来的游戏将会变得更加复杂，而开发出复杂程度很高的游戏的孩子们，大都年龄相仿。

伯莱因认为，游戏可能涉及两种探索方式：一是找到问题或挑战的唯一答案，即"专门性探索"（specific exploration）；二是找到能让人兴奋或分心的环境因素，即"多样性探索"（diverse exploration）。游戏内容或情境的复杂性决定了探索的难度。1982年道尔·比索普和克劳丁·基恩诺德认为："一个可以用看、听、摸、闻、尝或其他方式来进行探索的物体或情境，比那些不带这些特征的物体或情况更复杂，也更容易激发人的探索热情。"

因此，相比在室内，人们更愿意去主题公园探索；与木块相比，橡胶球更能激发人的探索兴趣，因为橡胶球有很多玩法。

探索后，由于行为重复可能会出现同化反应。通常在游戏过程中或是在游戏情境下，人们会发生一些微妙的变化，他们会越来越精通这个游戏。最终可能激发出创造性，乃至如道尔·比索普和克劳丁·基恩诺德所言："……在特定环境下产生了适当效果的新奇反应（novel responses）。"相反，同化反应可能使游戏情境或对象失去新鲜感。在这种情况下，人们可能会回归到赫伊津哈所说的"平淡/惯常生活"，游戏玩家要么退出游戏，要么过回平淡生活。

至于其他类型的休闲活动，难道仅凭一个艺术家的资质评分就能决定谁能被艺术学校录取吗？我们应该了解未来长笛演奏者肺部功能的信息吗？如果答案是肯定的，又该如何利用这些信息呢？这些利弊参半的问题及其答案会重新塑造人们的休闲行为。

5.3　无限能源

过去，取之不尽、用之不竭的能源曾是人类的一个梦想，但现在梦想的光芒马上要照进现实了。2015年肯尼迪表示：

> 目前，可再生能源是一股不容忽视的力量。2014年，包括核能在内的非化石燃料在全球能源消耗增长量方面已超过石油、天然气和煤炭的总和。值得一提的是，太阳能电池板的安装量也创下了纪录。

能源需求增长放缓和可再生能源的增加意味着2014年全球排放量仅增长了0.5%，这是金融危机以来的最低增速。

天然气被认为是煤炭、石油及可再生的非化石燃料之间的过渡性燃料。

2010年，北美人担心石油储量耗尽，今天他们却因为水力压裂技术谈论起了沙特阿拉伯。水力压裂技术是一项能让美国实现能源独立且迅速成为能源出口国、却对环境有害的技术。尽管利用水力压裂法来生产天然气通常被称为通往未来的过渡性手段，但未来和现在都是属于太阳能的。过去35年里，太阳能价格已经下跌了97%，按照目前的发展速度，10年内美国将实现"电网平价"。它意味着，在家里用太阳能电池发电比从电力公司买电更便宜。2014年瓦德瓦指出，未来10年内，与从电网买来的电相比，人们自产能源的成本只有购电成本的一小部分。电力公司将陷入巨大困境，这也是他们反对引进太阳能的原因。如果太阳能继续发展，化石燃料行业将黯然失色。瓦德瓦说："太阳能只是扰乱能源行业的100项先进技术之一。"

　　有了无尽的能源，我们就可以制造出取之不竭的洁净水，因为我们能轻松地将海水煮沸。我们也具备了在本地垂直农场种植粮食的条件，而且这些都是100%有机农场，因为我们将不需要在封闭的农场里喷洒杀虫剂。想象一下，如果能用3D打印技术"打印"出肉类，那我们就不必宰杀动物了。这将会影响和改变农业和整个食品生产行业。此外，它还有另一个好处，那就是玉米和其他用来喂养动物的谷物种植需求减少了。美国人的玉米消耗量要高于其他任何一个国家，因为美国人用玉米来饲养动物，然后食用这些动物的肉，并且他们的饮品和任何甜的食物里也会添加高果糖玉米糖浆。

　　无限的能源也意味着一场交通革命，其后果是无法预料的。由于出行燃料成本趋近于零，已经拥堵不堪的高速公路、航线和轨道交通可能会变得更加拥挤。然而，有了自动化驾驶系统，把时间耗在拥挤道路中的汽车上也可能不会让人太心塞，人们觉得只不过是换了个地方使用通信或娱乐设备而已。此外，很多城市已开始使用软件来控制交通系统，减少红绿灯处的停车次数。

　　无限的能源也可能会彻底消除绝对贫困，甚至"贫困户"也有条件在自己的住宅里装上暖气或冷气系统、做饭和使用电器。但关键问题在于，大型能源公司推广销售太阳能的能力有多强？如果太阳能销售市场被垄断，那这些乐观的预测可能不会实现，或者至少不会像其他预言那样快速地实现。

　　我们不清楚无限能源到底会给生活带来怎样的影响。如果农村的贫困人口拥有无限能源，那农村人口涌向城市的脚步可能会放缓，家庭规模也会缩小。无限能源的影响实在太大、太复杂，我们很难想象。

　　让我们以正在开发的一项可再生能源为例，看看这会给无限能源带来怎样的影响。作者在写这篇文章时，法国政府正着手未来5年内在1000公里长的公路上铺设太阳能电池板，这条路将满足500万人（占法国总人口的8%）除供暖电力之外的照明需求。1公里路产生的电力可供5000名居民使用。这项技术使用一种相当薄但十分耐用的多晶硅板，它能将太阳能转化为电能。2016

年乔在《太阳能公路可为 500 万人提供能量》（*This Solar Road Will Provide Power to 5 Million People*）一文中指出，这些面板都是防雨的，还通过了扫雪机的测试。

> 科拉斯（Colas）科学与技术学院专家中心的经理吉恩·里克·戈蒂埃在新闻发布会上说："公路有 90% 的时间都是面向着天空，而当太阳照耀，它们一定够接收到太阳光能。因此这是一种相当理想的能源应用方式。"
>
> ——乔《太阳能公路可为 500 万人提供能量》

重建基础设施似乎没有必要。公路上太阳能电池板的发电潜力无穷无尽。试想一下，像洛杉矶这样的城市，其道路面积占陆地面积的 1/4 以上，如果把太阳能电池板高速公路系统和电动汽车结合起来，那么除旧车之外，对汽油的需求将不复存在。这些旧车也可能会被政府购买回收，从而在 10 年内彻底重塑人们的能源需求。人们在路上开车是在生产能源，而不是在消耗能源。

换句话说，人们已经能借助技术手段来获取无尽的能源，但如何将它投入使用则要更多地依靠政治手段。假设我们可以为房子、汽车和食物提供能量，这对休闲来说意味着什么？生活还会围着工作转吗？长久以来，人们都在为解决能源匮乏问题而奋斗，但当这种情况发生了变化，包括能源在内的许多领域的资源不再缺乏，这将会对人类生活产生怎样的影响呢？

5.3.1 对休闲、旅游与体育的影响

所有涉及无限能源的场景似乎都预示着一个以休闲为基础，而不是以工作为基础的世界，尽管这种转变是巨大的。在某一社会文明中，工作需求必定会减少，因为在这里，用于出行、粮食种植、房屋建造的家庭能源很丰富，而且几乎零成本。可能会出现临时工、兼职或钟点工等新型工作方式。对此本文后续部分将有详细介绍。

5.4 基础设施的终结

现代社会是通过基础设施建立起来的——可供汽车通行的混凝土高速公路、能冲走人类排泄物及其他废弃物的下水道系统、带有发电厂的电网系统，以及在空中编织而成将电送到每家每户、工厂、购物广场及其他零售企业等的

铜线网络，它们都是一砖一瓦地建起来的。北美洲的这种基础设施大部分都建造于 20 世纪 20 年代，那时大多数人使用汽车，也有人开始用起了电话。

建设这种基础设施的费用过于昂贵，世界其他地区难以效仿。事实上，在人口老龄化程度高、政府债务负担重的现代国家中，重建的费用可能确实太高了。一些发展中国家，例如中国，他们已在尝试复制这些基础设施，结果喜忧参半。无论经济状况如何，在大多数国家中，人们所熟知的基础设施正在消失。例如，从屋顶收集太阳能的电池发明意味着：除了对家庭、办公室屋顶或工厂的剩余能源进行买卖之外，人们已获得脱离电网而生活的能力，不再需要电力公司。人们开车通过太阳能高速公路就能产生能量。

世界上很多地方是没有污水处理系统的，这意味着人们必须在室外大小便，它导致了很多的健康问题。蓝色分流厕所专为贫困国家设计，不需要污水处理系统：

> 这款厕所既可以蹲着又可以坐着，体弱者、年长者和小孩子都可以使用它，用水或干东西都能清洁。……内罗毕选送（Sanergy）是一个非政府组织，管理着内罗毕 659 个独立式厕所，这些厕所干净、光线充足、安全，并且还能洗手。尿液经过处理后可以作为水再次使用。粪便可以用来制作肥料。
>
> ——提斯代尔《神奇的厕所：为全世界贫困大众带来洁净》
> (*The Magic Toilet: Providing Sanitation for the World's Poor*，2015)

因此，当美国准备花 3000 亿美元修缮城市的下水道系统时，许多非洲国家及其他国家的居民已经开始使用一种低成本厕所系统，它让健康和卫生状况发生革命性的改变。

现代国家庞大的高速公路系统也可能会被改变。设想一下，如果汽车等交通工具离地 1 英尺（30.48 厘米）行驶会怎样？如果有更大的无人机把人从家里送到目的地会怎样？如果银行被比特网或其他货币系统取代会怎样？

现代基础设施提高了人的独立性。一家公司需要自己发电，政府需要修建马路和污水处理系统，银行需要守住自己的钱款或将钱外借。所以，在没有政治干预的情况下，大多数基础设施的消失将会提高人的独立性，使他们能远离供水系统、供电系统、高速公路和污水处理系统等大型机构而自在生活。

5.4.1 对休闲、旅游与体育的影响

人类能力的这种惊人变化必将重塑休闲活动。结合其他技术的进步，人一

生中似乎有很多机会可以在工作之余进行休闲。这就需要在社区设计、正规教育、住房产业及其他领域进行改革。适应充满无限能量的生活将是人类历史上的一个重大转折。

对于旅游业来说，这种潜在影响也是巨大的。例如，目前飞机飞行所需煤油费占航空飞行成本的40%～50%。此类航班产生了大量的污染物：它占每年人类活动的二氧化碳总排放量的2%，相当于德国一年的二氧化碳总排放量。此外，2016年方坦撰文指出，据联合国国际民用航空组织预测，未来15年内，客机数量将比现在翻一番，达到约4万架。飞机的设计也正发生重大变化，尤其是在分布式推进系统方面，会使用许多采用混合涡轮电力推进系统的小型引擎，而不是在机翼两旁装上效率相对较低的大型发动机。除去大部分的能源成本和污染后，对航空旅行的需求可能会快速增加。对低汇率国家的旅游业来说，这些变化可能至关重要，因为在这些国家，一趟国际航班所需的机票钱往往可能就是当地人一年的收入。网络可以使人们对心仪的旅游目的地有更多的了解，而且能源成本大幅下降，这使得世界各个角落，从美国黄石国家公园到中国长城再到秘鲁的马丘比丘古城等地，出现拥挤和负载力问题。如果有了技术完善的无人驾驶汽车，无限能源能让更多的人开着车去度假，许多以前从来没有机会外出的残疾人士也能开车上路，许多国家的境内旅游业也将会一片欣欣向荣。此外，无限能源也能降低高耗能酒店和景点的成本。无限能源将会影响到旅游业的方方面面。

5.5 计算机接管人类生活

2013年萨特尔在《推动科技发展的五种趋势》（5 Trends that Will Drive the Future of Technology）一文中指出，如今，计算机的性能大大加强，它能评估哪些产品该上架，能告诉机器人做手术时应该在哪个位置切口，能解决法律问题，等等。计算机已开始实现驾车以及医学诊断功能。一些新兴趋势进一步增强了计算机的主导地位。

5.5.1 非触控界面

上一代人学会了如何使用键盘和鼠标，下一代人则学会了如何快速编辑及发送短信。技术上的每一个进步都需要人们学习新的技能。我们可能依然认为计算机是用手操作的，但请考虑下列问题：

从微软公司研发出的 3D 体感摄影机 Kinect 到苹果公司的智能语音助手 Siri，再到谷歌眼镜，我们满怀期待，因为电脑可以迎合我们的需求，而不是要我们去适应电脑。

多年来基本的模式识别技术一直在改进，多亏进步速度的加快，我们可以期待，在未来十余年内，计算机界面将会与人类没有什么区别。

——萨特尔《推动科技发展的五种趋势》

5.5.2 原生内容

商家们都在处心积虑地争相为消费者提供娱乐项目，许多公司都在极力抢占为消费者提供娱乐节目的主导地位，如有线电视公司、网飞公司（Netflix）、美国家庭影院（HBO）和许多其他公司，都在以闪电般的速度更新他们的技术。

5.5.3 网络沟通

网络通信发展壮大，延伸到了政治、慈善和多人在线游戏等领域。实际上，一群人，有时是陌生人，出于教育、娱乐、游戏或者政治目的，在网络上产生交集。例如，美国前总统奥巴马使用红迪网（Reddit）上的"欢迎来提问"（Ask Me Anything）板块和谷歌环聊（Hangouts）与普通民众沟通。在线交流的规模是成倍增长的，甚至年纪较大的美国人也使用视频电话 Skype 和苹果手机视频通话软件 FaceTime 与子女、孙辈交流。网上约会也是常有的事，越来越多的人能在网上见面，这使得有相似兴趣或背景的人可以建立联系。网络会议有上千家组织赞助。利用视频会议软件可以将一些演讲、讲座、小型研讨会或专题研讨会的内容上传到网络。网络会议的一个关键特性是它的互动性：能实时提供、接收和讨论信息。与面对面的会议相比，网络会议能节省大量成本。

5.5.4 物联网

物联网是极为重要和最为流行的发展趋势，物联网能将我们身边所有的物体转换成一个可计算的实体。我们的房屋、车乃至街上的物品都与我们的智能手机无缝连接。例如，我们可以用智能手机对一些电灯泡进行编程，改变它们的颜色，开灯、关灯或让它成为一个运动检测器。移动支付类应用的普及率越来越高。营销方式也将发生转变，消费者能够轻易地从现实世界的广告中获取数字产品。2015 年萨特尔说："信息处理的方式不再局限于坐在桌前工作，而变成了一种与环境自然、正常的互动，我们也不知道这会产生什么样的影响。"

5.5.5 对休闲、旅游与体育的潜在影响

人类生活的计算机化也会改变休闲活动。自从发明了可以联网的眼镜以及能对我们所看见的物体进行解释的智能软件，我们或许能通过眼角余光或意识来搜索航班信息。旅游指南已经被社交网络上的即时推送所取代，接着可能就会出现针对我们每个人的心理和基因特征量身定制的旅游路线。在实时翻译软件的帮助下，我们也不需要学习当地语言了。2011年畅销书《未来物理学》的作者加来道雄说："你永远不会迷失方向，因为你永远都知道自己在看什么，你永远都能理解每个人在说什么。"谷歌和其他公司已经推出了翻译应用程序，它会将一种语言通过智能手机同时转换成语言符号和语音识别信号。

航天飞机的退役意味着太空旅行即将商业化，由像太空探险公司和维珍银河公司这样的先驱者领导。太空探险公司负责将6名千万富翁送至太空，450多名准宇航员已与维珍银河公司签订了太空旅行的协议，还缴纳了定金。"未来，国际空间站会被改造成轨道酒店，归入英国亿万富翁理查德·布兰森名下，"施瓦茨预测道，"游客在轨道酒店待上一周需支付1000万美元。"那他们会在那里做什么呢？在资金短缺的美国宇航局开始出售火星任务的门票之前，他们可能只做一些太空站的维护工作。

5.6 当计算机消失时

当我第一次使用计算机时，一个人带着一堆按键式程序和数据存储卡来到了计算机中心，把它们交给计算机技术人员进行处理，有时这个工作需要花几天的时间。计算机占满了整个房间，操作它们还需要进行专门的培训。后来，计算机尺寸迅速缩小，使用起来也更方便。今天，计算机本体正在消失，植入到了非触控界面和日常生活的方方面面。计算机也有可能会被植入人体，现在许多宠物狗身上都装上了芯片，上面有主人的地址和一些其他数据。

> 这也就是为什么科技公司越来越以消费者为中心，把钱投资到像开发原生内容这样的工作中去，吸引消费者进入他们的平台，在这里，人们会为了娱乐和教育而签署大量的线上服务协议。
>
> ——萨特尔《推动科技发展的五种趋势》

计算机的消失可能意味着，我们不知道一天下来我们是如何被影响的，及其程度如何——如交通信号灯对交通流量的了解程度有多少？加热或冷却系统会产生什么样的指令，为什么会有这些指令？信用卡里的芯片会向我们接触的机器传递什么样的信息？为什么计算机化的播种机能按一定的深度将种子种入地下？这些无形的电脑是怎样控制我们的？为什么它们变得如此复杂而难以理解？

5.6.1 对休闲、旅游与体育的潜在影响

或许第一种潜在影响就是：从娱乐到体育会出现多种智能化的休闲活动。例如，引座员可能不用亲自将人带到剧院的座位上，而是借助手机上有语音功能的地理信息系统来进行引导。持续不断的实时旅游信息可以对休闲旅行者起引导作用。许多休闲活动的信息都会变得更加丰富，而这可能会提升或降低休闲活动的趣味性，因为如果在某个地方进行探索的结果是未知的，这反而可能会让旅游经历更加刺激有趣，很多运动项目之所以扣人心弦，原因就在于其结果的不确定性，如果结果被准确地预测出来，愉悦感也就随之消失了。

但一些先进技术运用到旅游业中时，可能会引发人们的抵制。21世纪最奢侈的事也许就是远离网络，在没有互联网的度假胜地里享受闲暇时光。这种节奏慢、远离网络的度假胜地将成为慢食、慢行等一切慢节奏活动的中心——最终远离一切喧嚣。这个概念已经在中国杭州付诸实践，在杭州，客人可以在竹林里租一间小别墅——里面没有无线网络（Wi-Fi），没有电，几乎没有噪音，只有从竹林里吹过来的微风。这个地方相对偏僻，到晚上周围漆黑一片，宁静而祥和。生活在这个一千万人口的城市，人们非常喜欢这种体验，也愿意花钱去感受一番。旅游业与这一趋势密切相关，它让游客回到一个生活更质朴的时代，人们去镇上得走着去，收割庄稼得靠双手，还要自己动手缝制衣服。

最终，随着世界各地教育水平的提高，许多旅游体验可能成为一种契机，借此人们得以沉浸在自己感兴趣的事情中。这个契机可能非常宽泛，如格陵兰岛；或是一个特定的人，如史蒂夫·乔布斯或尼尔·杨；又或是一个事件，如俄罗斯宇航员登月等。这种旅游可能需要大家事先读点东西或进行学习，旅游和学习的区别不再泾渭分明。

5.7 集中式基础设施的衰败

第二次世界大战结束后，现代国家的集中式基础设施大量增加，如下水道

系统，电话线路系统，购物中心，政府出资的公路系统，工厂化农场系统，国营品牌的啤酒、红酒和烈酒，连锁餐厅、酒店以及垄断电力市场的公司（这些电力通常由燃煤提供，后来又由石油和核能提供），等等。这些系统都是大众社会的产物。如今，整个体系正处于瓦解状态：

> 全球最大的出租车公司优步（Uber），名下没有汽车。全球最受欢迎的社交软件脸谱网（Facebook），不创建任何内容。最具价值的零售企业阿里巴巴（Alibaba），没有商品库存。全球最大的租房供应商爱彼迎（Airbnb），不拥有房产。
>
> ——古德温《顾客界面的战争》
> (*The Battle Is for the Customer Interface*，2015)

超级巴士（Megabus）是一家点对点的公交公司，它没有公交终点站，只有公交车和租来的停车场供乘客上下车。

在美国和其他地方，庞大的集中式基础设施正在分崩离析。例如，下水道系统的翻修费用高得令人却步；在宾夕法尼亚州，需要在5年内翻修的桥梁占总数的1/3；铁轨年久失修，有很多都是19世纪建成的。与其试图更换现有的基础设施，还不如将现有基础设施的数量减到最低，并用新的出行方式来替代它，这些正在出现的改变既可以为家庭及其他场所提供电力，也可以杜绝浪费。

减少集中式基础设施有很多原因。首先，更换成本太大，因此不予考虑。其次，在如何利用物质方面，人们有了新的想法。例如只住着一两个人的一间大房子可以开发成旅馆，一辆私家车也可用作出租车，一间安装有太阳能电池板和电池的房子可以当作自己的设备公司。

新发明推动了这一进程。例如，新发明的厕所和旧式堆肥式厕所都不需要下水道来清理代谢物，因为大部分代谢物都是可回收的；有了太阳能电池，即使在不出太阳的时候，装有太阳能电池板的建筑物也能储存能量；无人机可能会给零售商店带来巨大的冲击，但用无人机运送商品确实效率高且成本低。

5.7.1 对休闲、旅游与体育的潜在影响

对旅游业来说，这些变化带来了革命性的影响。大众旅游将更具个人特色，游客在住宿、饮食和景点等方面会有更多选择。游客将不再受到美国的亿客行和其他在线旅游网站的束缚。他们可以选择住在酒店、汽车旅馆或是私人住宅里（由在线公司接洽），甚至可以选择待在床上吃早餐。人们可以乘坐出

租车游览景点，或者提前在网上预约当地人提供的交通服务。人们也许会在旅游期间租用别人的汽车，或者租一辆无人驾驶汽车，车内设定的程序会将他们带到指定的旅游景点游玩。他们也可以从城市的自行车共享项目中选用自行车。

体育运动方面，高水平的体育运动需要专业的设施和场地，但越来越多的体育活动可能会在功能不同的场地上开展。随着全球城市化进程加快，人们对专业运动场地和游乐区域的需求不可能都得到满足。在具备这些基础设施的地方，在街道上展开的体育项目可能会增多，一些街道已经被临时或永久地改造成运动场地以供运动员踢足球、打篮球、跑步甚至打网球。

5.8 以休闲活动为中心的新世界

休闲能成为新世界生活的中心吗？体育和旅游业的角色是什么？从本书前面的所有章节来看，有一个显而易见的基本理念——"世界将会发生彻底改变。人类行为需作出重大调整，以此来减少威胁并利用创新。"

历史进程的加快意味着变化将会非常迅速，大多数变化会在我们的有生之年中发生，有的变化可能马上就会出现。例如，在生产消费品时，不能只考虑人们的需求，也应改进成更智能的、一站式的、零浪费的生产方式。撰写本文之际，教皇方济各发布了人们期待已久的气候通谕，这是一份权威的教会教义，有望重塑有关气候变化的国际对话。2015 年迪亚斯指出，这封题为《赞美你》(*Laudato Si*，英文名为 *Praise Be to You*) 的通谕引用了圣弗朗西斯 (Saint Francis) 在 800 年前写的一首关于自然的歌，这是一份有感染力的、预言性的个人呼吁，希望政府、教会、企业和个人携手应对气候变化，教皇方济各认为，这些变化大都由人为造成。这位天主教会领袖意识到，不只是科学家和环境学家，全体人类也必须要意识到环境状况的严峻。如果不能在新世界中培养出适度和克制的文化，我们就只能用政策和法律来抵制不节制的消费行为了。

很难想象一个世界会以休闲为中心。但首先，目前休闲活动的状态并不适合作为生活的基础。聚会、度假、长时间地看电视及其他暂时逃避工作的方式都不足以成为一种可行的生活方式。很多休闲活动变成了严肃的身份塑造型、辅助型、创造型、探索型和学习型活动。2008 年戈德比指出，正如古希腊哲学家所说，除非一个人因受教育而具备了运用休闲的素质，否则人们会以一种不明智的方式来对待它。未来休闲活动不是只适用于少数男性，而是适用于整个人类社会。但这一点将如何实现以及能否实现，我们对此尚不清楚。

工作和休闲的分配也是一个问题。许多研究发现，工作能给人带来成就感，甚至会胜过休闲带来的满足感。也许在未来，工作和休闲之间的差异会逐渐消失。许多志愿服务已表现出这一特点，大多数创造性工作与休闲活动的区别也不再明显。

城市的设计也应该有所差异。自工业革命以来，城市建设就围绕着工作来进行，只有一场思想革命才能让人们对此进行反思。休闲城市的设计宗旨是让人们保持健康，在接触自然的同时要尊重自然，鼓励自主学习和有意义的社会互动。当然，在一个以休闲为生活中心的世界里，休闲的意义会有所不同。许多基于通勤便利原则的城市设计已经过时。在专注于工作的城市中，公园就像人们的休闲岛——但新城市就像一个公园，有专门的工作岛。

本书在最后给大家留下一个宏观的想法或问题。纵观历史，人们一直渴望能自由地做自己喜欢的事。对大多数人而言，工作是一种手段——获取充足食物、住所和衣物的手段。克罗斯在 1990 年指出，当工作被资本主义的铁腕束缚时，工会为人们争取到了 8 小时工作时间、8 小时休息时间以及 8 小时自由支配时间。然而，他们这么做并不是为了把工作时间减少到 8 小时，而是逐渐尽可能地缩短工作时间。试想一下，如果一周内人们的工作时间和被迫活动时间可以减少到只有几个小时，会产生什么结果呢？人类所面临的挑战和机遇将比以往大部分时候都要多。如果人们能自由地去做想做的事情，那么人类的生活意义和价值就会越来越明晰。

译者注

[1] 原书在字体上对正文内容作特别处理的情况分两种：一种是指明出处的引文，本中译本以仿宋表示；另一种是由原著者杰弗瑞·盖伦叙述的事例，以楷体表示。

[2] 世界人口钟 一种多功能的计时计数器，它不但可以显示年、月、日、星期、小时、分、秒，而且还可以显示世界总人口、各国人口，以及每分钟、每小时世界人口变化的情况。网址：http://www.worldometers.info/world-population。

[3] X 一代 指出生于 20 世纪 60 年代中期至 70 年代末的一代人，到 2009 年，这一代人的年龄在 30 岁出头至 44 岁之间。这代人在 20 世纪 80 年代的经济衰退中长大，又经历 21 世纪初的互联网泡沫破灭，就在他们成家立业之际，又要面对全球金融危机和经济下滑。

[4] 托马斯·库克（Thomas Cook） 1808—1892，现代旅游的创始人，"近代旅游业之父"，第一个组织团队旅游的人，也组织了世界上第一例环球旅游团。19 世纪中期，托马斯·库克创办了世界上第一家旅行社——托马斯·库克旅行社（即现今的托马斯库克集团，中国官方授权的品牌名为"托迈酷客"），它标志着近代旅游业的诞生。

[5] 低强度战争 指介于国与国开战的大型战争与和平状态之间的半战争事件。低强度战争通常由轻兵器的步兵实行，不使用战车、海军、空军等重武器，形式可能是特种部队的潜入暗杀、制造动乱、破坏指定设施等。但是随着武器精密度上升，也有可能出现外海军舰发射的导弹或是小数量隐形战机携带精准炸弹介入低强度战争事件的情况。

[6] 人类疾病动物模型 指在医学研究中建立的具有人类疾病模拟表现的动物实验对象和相关材料。

[7] 高科技学校 High Tech High，简称 HTH，是在美国加州圣地亚哥的学校系统，目前包含了小学、初中、高中这三个阶段。HTH 是特许学校，有政府财政支持，在教学上具有自主性。

[8] 心流 指人们在做某些事时，那种全神贯注、投入忘我的状态。

广东省版权局著作权合同登记号：图字 19-2023-070 号

本书简体中文版由 Sagamore Publishing LLC 授权出版。英文版本书名为 The Future of Leisure Tourism and Sport：Navigating Change 第 1 版，杰弗瑞·戈德比，盖伦·戈德比著，国际标准书号 9781571678539。版权© 2017。

版权所有，侵权必究。未经 Sagamore Publishing LLC 许可，不得以任何形式，或以任何电子或机械方式（包括影印、录制或任何信息存储检索系统）复制或传输本书的任何部分。

广东旅游出版社出版简体中文版。版权© 2023。